JN116584

チャットでわかる

社団・財団の
経理・総務
の仕事

税理士 山下雄次

全国公益法人協会

はじめに

　税理士業を営んでいると、顧問先である法人が公益法人なのか、営利法人なのかで運営方法に違いがあることに気が付きます。営利法人であれば利益の獲得が目的ですので、経済的合理性に重点を置きます。一方で、公益法人では経済的合理性よりも正確性に重点を置く傾向があります。営利法人では、経営陣が運営に深く関わることが少なくありませんが、公益法人では理事会等で方針を定めた後は事務局が中心となって運営するケースが多いです。公益法人の事務局では、法人運営に必要な知識を全方位的にカバーする傾向が強いように感じます。

　公益法人の事務局は、限られたメンバーで対応している場合が多いため、**各人への負担が大きい**、**作業が属人化してマニュアルなどの標準化が進んでいない**、などの弊害が生じがちです。そのためメンバーの入れ替わりがあると、**業務の引継ぎをうまく行えない**ケースが少なくありません。一般的に書籍で紹介されている内容は、規模の大きい法人向けのものが多くて、難解なものも散見されます。

　本書では、**1年間の作業内容を容易に掴める**ように、「**チャット協会**」という架空の法人を通じて、**事務局運営をコンパクトに紹介**します。皆様の実務と、本書とを比較して読めば、何らかの気付きが得られると思います。公益法人の事務局運営における入門書的な立場で、皆様のより良い事務局運営のお役に立てれば幸いです。

令和5年12月

山下雄次

たから事務局長

チャット協会の事務局長。現場が困っているとき、その豊富な経験で、適確なアドバイスを授けてくれる。「頼れるボス」として、様々な事業課との調整を主な仕事としている。事務局での実務作業は、あおい課長を信頼して任せている。

あおい課長

チャット協会の課長。いままでは、現場をほぼ一人で切り盛りしていた。はじめ君が入社して、さらにやる気が溢れている。目標は、たから事務局長みたいな「頼れる上司」になること！

はじめ君

4月からチャット協会のメンバーとして入社。公益法人の仕事は未経験だけど、前職は大手食品メーカーの経理課で伝票起票と入金管理を担当。新しい職場は、やる気に溢れすぎてときどき空回りすることも！?

非営利法人とは？

　法人とは、法律の規定に基づき、権利や義務の主体となれる資格を有した組織のことです。法人は営利法人と非営利法人に区分できます。

　営利法人は事業活動で得た利益を特定の構成員（社員や株主など）に分配することを目的とした法人です。馴染みのある法人格としては株式会社が挙げられます。営利法人は構成員への利益分配を目的としてますが、非営利法人は利益分配を目的としないことが求められます。つまり、非営利法人では事業活動によって利益を獲得したとしても、正会員などへ利益を分配することはできません。非営利法人は、①NPO法人、②一般法人（一般社団法人、一般財団法人）、③公益法人（公益社団法人、公益財団法人）、④その他（社会福祉法人、学校法人、医療法人など）に区分できます。

①NPO法人

　特定非営利活動法人（NPO法人）は、特定非営利活動促進法（以下、NPO法という）に基づいて設立する法人格です。NPO法は、平成10年12月に施行された法律で、特定非営利活動を行う団体に法人格を付与すること等により、ボランティア活動をはじめとする市民の自由な社会貢献活動としての特定非営利活動の

健全な発展を促進することを目的としています。ここでいう特定非営利活動とは、特定の20種類の分野に該当する活動であり、不特定かつ多数のものの利益に寄与することを目的とするものです。一般的なボランティア活動は、特定の20種類のいずれかには該当することになりますので、ボランティア活動のみを行うのであれば制限を受けるという感覚は少ないかもしれません。しかし、ボランティア活動以外の活動を行う場合には一定の制限を受けることになります。

②一般法人（一般社団法人、一般財団法人）

　一般法人は、一般社団法人及び一般財団法人に関する法律（以下、法人法という）に基づいて設立する法人格です。法人法では、利益の分配を目的としない社団及び財団について、その行う事業の公益性の有無にかかわらず、準則主義（登記）により簡便に法人格を取得できます。施行が平成20年12月ですので、上述したNPO法の後にできた制度となります。

　NPO法人と一般法人は、両者とも非営利法人として整理されることから似た存在だと思いますが、実際の運用では大きな差異があります。一般社団法人は社員2名以上で設立が可能ですが、NPO法人は10人以上必要となります。事業目的や活動内容はNPO法人の場合は特定非営利活動促進法に定められている20種類に制限されますが、一般法人には活動内容の制限がありません。NPO法人には、毎年度所轄庁への報告義務や市民と利害関係人への情報開示制度がありますが、一般法人には

所轄庁がないことから報告義務もありません。市民と利害関係人への情報開示制度もありません。一般法人の方が運用上の自由度が高いということができます。これから非営利法人を設立するのであれば一般法人を選択するケースが多いようです。

③公益法人（公益社団法人、公益財団法人）

　公益法人は、一般法人のうちで公益社団法人及び公益財団法人の認定等に関する法律（以下、認定法という）に基づいて行政庁（内閣総理大臣又は都道府県知事）から公益認定を受けた法人です。公益認定基準のひとつに「公益目的事業を行うことを主たる目的とするものであること。」というものがあります。公益目的事業とは、「学術、技芸、慈善その他の公益に関する別表各号に掲げる種類の事業であって、不特定かつ多数の者の利益の増進に寄与するもの」と定義されています。上述した一般法人は事業の公益性などは問われませんでしたが、公益法人は主たる事業が公益目的事業であることが求められます。公益法人になるためには、他にも多くの要件をクリアしなければなりませんので、ハードルが高いと言えます。

④その他（社会福祉法人、学校法人、医療法人など）

　社会福祉法人、学校法人、医療法人などの法人格は、それぞれに設立根拠法令が定められており、事業活動も制限を受けることになります。その代わりに、それぞれの法人格には、一般法人や公益法人にはない特典が設けられています。

公益法人と一般法人のちがい

　公益法人は、行政庁の監督の下、税制上の優遇措置を多く受けつつ、主に公益目的事業を実施することになります。一般法人は、自由な立場で、様々な事業を実施していくことが可能です。両者の違いは、公益認定を受けているか否かということになりますが、実体面では次のような相違点があります（図1）。

「公益」とは何か？

　公益法人の公益性は、公益認定基準をすべて具備することで担保されますが、その中でも「主たる目的が公益目的事業を行うこと」は重要性の高い要件となります。
　公益目的事業は、認定法第2条第4号に「学術、技芸、慈善その他の公益に関する別表各号に掲げる種類の事業であって、不特定かつ多数の者の利益の増進に寄与するものをいう。」と定義されています（図2）。もう少しわかりやすく整理しますと、A「学術、技芸、慈善その他の公益に関する別表各号に掲げる種類の事業」であって、B「不特定かつ多数の者の利益の増進に寄与するもの」という構成になっています。公益目的事業か

■図1　公益法人と一般法人の比較

比較事項	公益法人	一般法人
成立・認定の要件	認定法第5条の認定基準に適合すること。認定法第6条の欠格要件に該当しないこと。	設立の登記
実施できる事業	適法であれば制限なし。ただし、公益目的事業を費用で計って50%以上の比率で実施する必要あり。	適法であれば制限なし※
遵守事項	一般法の規律に加え、収支相償、公益目的事業比率50%以上、遊休財産規制、一定の財産の公益目的事業への使用・処分、理事等の報酬等の支給基準の公表、財産目録等の備置き・閲覧・行政庁への提出等。	一般法の規律のみ※
監督	行政庁(委員会)による報告徴収、立入検査、勧告・命令、認定の取消しあり。	業務・運営全体についての一律的監督なし※
税制	すべての公益社団・財団法人が特定公益増進法人となり、公益法人認定法上の公益目的事業は法人税法上の収益事業から除外され非課税となるなどの措置が定められている。	一部の一般社団・財団法人について収益事業のみに課税するなどの措置が定められている。

※公益目的支出計画を実施している一般社団・財団法人については、計画に定めた事業を確実に実施する必要があります。また、公益目的支出計画の確実な実施を確保するために必要な範囲内で整備法に基づく行政庁の監督が行われます。

出典：内閣府「公益法人制度等に関するよくある質問（FAQ)」

■図2　公益目的事業

① 学術及び科学技術の振興を目的とする事業
② 文化及び芸術の振興を目的とする事業
③ 障害者若しくは生活困窮者又は事故、災害若しくは犯罪による被害者の支援を目的とする事業
④ 高齢者の福祉の増進を目的とする事業
⑤ 勤労意欲のある者に対する就労の支援を目的とする事業
⑥ 公衆衛生の向上を目的とする事業
⑦ 児童又は青少年の健全な育成を目的とする事業
⑧ 勤労者の福祉の向上を目的とする事業
⑨ 教育、スポーツ等を通じて国民の心身の健全な発達に寄与し、又は豊かな人間性を涵養することを目的とする事業
⑩ 犯罪の防止又は治安の維持を目的とする事業
⑪ 事故又は災害の防止を目的とする事業
⑫ 人種、性別その他の事由による不当な差別又は偏見の防止及び根絶を目的とする事業
⑬ 思想及び良心の自由、信教の自由又は表現の自由の尊重又は擁護を目的とする事業
⑭ 男女共同参画社会の形成その他のより良い社会の形成の推進を目的とする事業
⑮ 国際相互理解の促進及び開発途上にある海外の地域に対する経済協力を目的とする事業
⑯ 地球環境の保全又は自然環境の保護及び整備を目的とする事業
⑰ 国土の利用、整備又は保全を目的とする事業
⑱ 国政の健全な運営の確保に資することを目的とする事業
⑲ 地域社会の健全な発展を目的とする事業
⑳ 公正かつ自由な経済活動の機会の確保及び促進並びにその活性化による国民生活の安定向上を目的とする事業
㉑ 国民生活に不可欠な物資、エネルギー等の安定供給の確保を目的とする事業
㉒ 一般消費者の利益の擁護又は増進を目的とする事業
㉓ 前各号に掲げるもののほか、公益に関する事業として政令で定めるもの

出典：認定法別表（第2条関係）

基礎知識

否かは、A「認定法別表各号のいずれかに該当するか」という点と、B「不特定かつ多数の者の利益の増進に寄与するものである」という点によって判定されます。B「不特定かつ多数の者の利益の増進に寄与するもの」は、事業区分に応じたチェックポイントによって確認できます（図3）。

■図3　事業区分ごとのチェックポイント

事業区分	特徴	チェックポイント
(1)　検査検定	申請に応じて、主として製品等の安全性、性能等について、一定の基準に適合しているかの検査を行い、当該基準に適合していれば当該製品の安全性等を認証する事業。	① 当該検査検定が不特定多数の者の利益の増進に寄与することを主たる目的として位置付け、適当な方法で明らかにしているか。 ② 当該検査検定の基準を公開しているか。 ③ 当該検査検定の機会が、一般に開かれているか。 ④ 検査検定の審査に当たって公正性を確保する仕組みが存在しているか。（例：個別審査に当たって申請者と直接の利害関係を有する者の排除、検定はデータなど客観的方法による決定） ⑤ 検査検定に携わる人員や検査機器についての必要な能力の水準を設定し、その水準に適合していることを確認しているか。（例：検査機器の定期的点検と性能向上／能力評価の実施／法令等により求められる能力について許認可を受けている）

事業区分	特徴	チェックポイント
(2) 資格付与	申請者の技能・技術等について、一定の水準に達しているかの試験を行い、達していれば申請者に対して資格を付与する事業。	① 当該資格付与が不特定多数の者の利益の増進に寄与することを主たる目的として位置付け、適当な方法で明らかにしているか。 ② 当該資格付与の基準を公開しているか。 ③ 当該資格付与の機会が、一般に開かれているか。 (注) ただし、高度な技能・技術等についての資格付与の場合、質を確保するため、レベル・性格等に応じた合理的な参加の要件を定めることは可。 ④ 資格付与の審査に当たって公正性を確保する仕組みが存在しているか。(例：個別審査に当たって申請者と直接の利害関係を有する者の排除) ⑤ 資格付与の審査に当たって専門家が適切に関与しているか。
(3) 講座、セミナー、育成	受講者を募り、専門的知識・技能等の普及や人材の育成を行う事業。	① 当該講座、セミナー、育成（以下「講座等」）が不特定多数の者の利益の増進に寄与することを主たる目的として位置付け、適当な方法で明らかにしているか。 ② 当該講座等を受講する機会が、一般に開かれているか。 (注) ただし、高度な専門的知識・技能等を育成するような講座等の場合、質を確保するため、レベル性格等に応じた合理的な参加の要件を定めることは可。 ③ 当該講座等及び専門的知識・技能等の確認行為（受講者が一定のレベルに達したかについて必要に応じて行う行為）に当たって、専門家が適切に関与しているか。

事業区分	特徴	チェックポイント
		(注) 専門的知識の普及を行うためのセミナー、シンポジウムの場合には、確認行為については問わない。 ④ 講師等に対して過大な報酬が支払われることになっていないか。
(4) 体験活動等	公益目的のテーマを定め、比較的短期間の体験を通じて啓発、知識の普及等を行う事業。	① 当該体験活動等が不特定多数の者の利益の増進に寄与することを主たる目的として位置付け、適当な方法で明らかにしているか。 ② 公益目的として設定されたテーマを実現するためのプログラムになっているか。(例：テーマで謳っている公益目的と異なり、業界団体の販売促進や共同宣伝になっていないか) ③ 体験活動に専門家が適切に関与しているか。
(5) 相談、助言	相談に応じて、助言や斡旋その他の支援を行う事業。	① 当該相談、助言が不特定多数の者の利益の増進に寄与することを主たる目的として位置付け、適当な方法で明らかにしているか。 ② 当該相談、助言を利用できる機会が一般に開かれているか。 ③ 当該相談、助言には専門家が適切に関与しているか。(例：助言者の資格要件を定めて公開している)
(6) 調査、資料収集	あるテーマを定めて、法人内外の資源を活用して、意識や実態等についての調査、資料収集又は当該調査の結果その他の必要な情報を基に分析	① 当該調査、資料収集が不特定多数の者の利益の増進に寄与することを主たる目的として位置付け、適当な方法で明らかにしているか。 ② 当該調査、資料収集の名称や結果を公表していなかったり、内容についての外部からの問合せに答えないということはないか。

事業区分	特徴	チェックポイント
	を行う事業。	(注) ただし、受託の場合、個人情報保護、機密性その他の委託元のやむを得ない理由で公表できない場合があり、この場合は、当該理由の合理性について個別にその妥当性を判断する。 ③ 当該調査、資料収集に専門家が適切に関与しているか。 ④ 当該法人が外部に委託する場合、そのすべてを他者に行わせること（いわゆる丸投げ）はないか。
(7) 技術開発、研究開発	あるテーマを定めて、法人内外の資源を活用して技術等の開発を行う事業。	「(6) 調査、資料収集」と同じ。
(8) キャンペーン、○○月間	ポスター、新聞その他の各種広報媒体等を活用し、一定期間に集中して、特定のテーマについて対外的な啓発活動を行う事業。	① 当該キャンペーンが不特定多数の者の利益の増進に寄与することを主たる目的として位置付け、適当な方法で明らかにしているか。 ② 公益目的として設定されたテーマを実現するプログラムになっているか。（例：テーマで謳っている公益目的と異なり、業界団体の販売促進や共同宣伝になっていないか） ③ （要望・提案を行う場合には、）要望・提案の内容を公開しているか。
(9) 展示会、○○ショー	展示という手段により、特定のテーマについて対外的な啓発・普及活動を行う事業。（文化及び芸術の振興に係る事業を除く）	① 当該展示会が不特定多数の者の利益の増進に寄与することを主たる目的として位置付け、適当な方法で明らかにしているか。 ② 公益目的として設定されたテーマを実現するプログラムになっているか。（例：テーマに沿ったシ

事業区分	特徴	チェックポイント
		ンポジウムやセミナーを開催／出展者にはテーマに沿った展示を厳守させている／テーマで謳っている公益目的と異なり、業界団体の販売促進や共同宣伝になっていないか（注）／入場者を特定の利害関係者に限っていないか） (注)　公益目的と異なるプログラムになっていないかを確認する趣旨であり、公益目的と異なっていない限り、製品等の紹介も認め得る。 ③　（出展者を選定する場合、）出展者の資格要件を公表するなど、公正に選定しているか。（例：出展料に不当な差別がないか）
(10)　博物館等の展示	歴史、芸術、民俗、産業、自然科学等に関する資料を収集・保管し、展示を行う事業。	①　当該博物館等の展示が不特定多数の者の利益の増進に寄与することを主たる目的として位置付け、適当な方法で明らかにしているか。 ②　公益目的として設定されたテーマを実現するプログラムになっているか。（例：テーマに沿った展示内容／出展者にはテーマに沿った展示を厳守させている／テーマで謳っている公益目的とは異なり、業界団体の販売促進や共同宣伝になっていないか） ③　資料の収集・展示について専門家が関与しているか。 ④　展示の公開がほとんど行われず、休眠化していないか。
(11)　施設の貸与	公益目的のため、一定の施設を個人、事業者等に貸与する事業。	①　当該施設の貸与が不特定多数の者の利益の増進に寄与することを主たる目的として位置付け、適当な方法で明らかにしているか。

事業区分	特徴	チェックポイント
		② 公益目的での貸与は、公益目的以外の貸与より優先して先行予約を受け付けるなどの優遇をしているか。
⑿ 資金貸付、債務保証等	公益目的で個人や事業者に対する資金貸付や債務保証等を行う事業。	① 当該資金貸付、債務保証等が不特定多数の者の利益の増進に寄与することを主たる目的として位置付け、適当な方法で明らかにしているか。 ② 資金貸付、債務保証等の条件が、公益目的として設定された事業目的に合致しているか。 ③ 対象者（貸付を受ける者その他の債務者となる者）が一般に開かれているか。 ④ 債務保証の場合、保証の対象が社員である金融機関が行った融資のみに限定されていないか。 ⑤ 資金貸付、債務保証等の件数、金額等を公表しているか。（対象者名の公表に支障がある場合、その公表は除く） ⑥ 当該資金貸付、債務保証等に専門家の適切な関与があるか。
⒀ 助成（応募型）	応募・選考を経て、公益目的で、個人や団体に対して資金を含む財産価値のあるものを原則として無償で提供する事業。	① 当該助成が不特定多数の者の利益の増進に寄与することを主たる目的として位置付け、適当な方法で明らかにしているか。 ② 応募の機会が、一般に開かれているか。 ③ 助成の選考が公正に行われることになっているか。（例：個別選考に当たって直接の利害関係者の排除）

事業区分	特徴	チェックポイント
		④ 専門家など選考に適切な者が関与しているか。 ⑤ 助成した対象者、内容等を公表しているか。（個人名又は団体名の公表に支障がある場合、個人名又は団体名の公表は除く） ⑥ （研究や事業の成果があるような助成の場合、）助成対象者から、成果についての報告を得ているか。
⑭ 表彰、コンクール	作品・人物等表彰の候補を募集し、選考を経て、優れた作品・人物等を表彰する事業。	① 当該表彰、コンクールが不特定多数の者の利益の増進に寄与することを主たる目的として位置付け、適当な方法で明らかにしているか。 ② 選考が公正に行われることになっているか。（例：個別選考に当たっての直接の利害関係者の排除） ③ 選考に当たって専門家が適切に関与しているか。 ④ 表彰、コンクールの受賞者・作品、受賞理由を公表しているか。 ⑤ 表彰者や候補者に対して当該表彰に係る金銭的な負担（応募者から一律に徴収する審査料は除く）を求めてないか。
⑮ 競技会	スポーツ等の競技を行う大会を開催する事業。	① 当該競技会が不特定多数の者の利益の増進に寄与することを主たる目的として位置付け、適当な方法で明らかにしているか。 ② 公益目的として設定した趣旨に沿った競技会となっているか。（例：親睦会のような活動にとどまっていないか）

事業区分	特徴	チェックポイント
		③　出場者の選定や競技会の運営について公正なルールを定め、公表しているか。
⒃　自主公演	法人が、自らの専門分野について制作又は練習した作品を演じ、又は演奏する事業。	①　当該自主公演が不特定多数の者の利益の増進に寄与することを主たる目的として位置付け、適当な方法で明らかにしているか。 ②　公益目的として設定された趣旨を実現できるよう、質の確保・向上の努力が行われているか。
⒄　主催公演	法人が、主として外部制作の公演の選定を行い、主催者として当該公演を実施する事業。	①　当該主催公演が不特定多数の者の利益の増進に寄与することを主たる目的として位置付け、適当な方法で明らかにしているか。 ②　公益目的として設定された事業目的に沿った公演作品を適切に企画・選定するためのプロセスがあるか。（例：企画・選定の方針等の適切な手続が定められている／（地域住民サービスとして行われる場合）企画段階で地域住民のニーズの把握に努めている） ③　主催公演の実績（公演名、公演団体等）を公表しているか。

出典：内閣府「公益目的事業のチェックポイントについて」

公益法人になるには？

①公益認定の申請

　公益法人になるためには、まず一般法人として設立してから公益認定を受ける必要があります。公益認定の申請先である行政庁は、内閣総理大臣と都道府県知事に分かれています。2以上の都道府県の区域内に事務所を設置する場合や公益目的事業を2以上の都道府県の区域内において行う旨を定款で定める場合の所管は内閣総理大臣とし、それ以外の場合にはその事務所が所在する都道府県知事の所管となります。公益認定の申請についての具体的な認定の判断は、内閣府又は都道府県に置かれる民間有識者から成る合議制の機関（内閣府の場合は「公益認定等委員会」）の意見に基づいて行われます。行政庁が異なることで、重大な方針の食い違いや不均衡が生じることのないよう、国と都道府県の間で相互に緊密な連携を図っているようです。

②公益認定の基準（認定法第5条）

　公益認定を受けるためには下記の基準を満たす必要があります。公益性とガバナンスに分けて整理すると理解しやすくなります（図4、5）。

■図4　公益性(公益に資する活動をしているか)

公益目的事業を行うことを主としていること	公益目的事業とは、学術、技芸、慈善その他の公益に関する認定法別表各号に掲げる種類の事業であって、不特定かつ多数の者の利益の増進に寄与するものをいいます。公益法人は、公益目的事業を行うことを主たる目的とし、公益目的事業比率が50%以上であることが必要です(第1号、第8号)。公序良俗等に反しない限り、公益目的事業以外の事業を行っても構いませんが、それによって公益目的事業の実施に支障を及ぼすおそれがないことが必要です(第5号、第7号)。
特定の者に特別の利益を与える行為を行わないこと	「特別の利益」とは、法人の事業の内容などの具体的事情を踏まえたときに、社会通念から見て合理性を欠くような利益や優遇のことです。公益法人は、その事業を行うに当たって、社員や理事などの法人の関係者、株式会社その他の営利事業を営む者などに、「特別の利益」を与えてはいけません(第3号、第4号)。
収支相償であると見込まれること	公益法人は、公益目的事業に係る収入の額が、その事業に必要な適正な費用を償う額を超えてはいけません(第6号)。
一定以上に財産をためこんでいないこと(遊休財産規制)	遊休財産額とは、法人の純資産に計上された額のうち、具体的な使途の定まっていない財産の額です。この遊休財産額は、1年分の公益目的事業費相当額を超えてはいけません(第9号)。
一定以上に財産をためこんでいないこと(遊休財産規制)	公益法人の理事、監事等に対する報酬等については、不当に高額にならないような支給の基を定める必要があります(第13号)。また、実態として営利活動を行うといった事態が生じないよう、他の団体の意思決定に関与できる株式等の財産を保有してはいけません(第15号)。

出典：内閣府「民間が支える社会を目指して」を参考に編集部作成

■図5　ガバナンス
（公益目的事業を行う能力・体制があるか）

経理的基礎・技術的能力	公益法人が安定的かつ継続的に公益目的事業を実施するために、法人が公益目的事業を行うのに必要な「経理的基礎」及び「技術的能力」があることが必要です（第2号）。例えば業務を別の法人に「丸投げ」していてはいけません。
相互に密接な関係にある理事・監事が3分の1を超えないこと	特定の利益を共通にする理事や監事が多数を占めていることにより、公益の増進に寄与するという法人本来の目的に反した業務運営が行われるおそれが生ずることのないよう、理事及び監事のうち、親族等、相互に密接な関係にある者の合計数は3分の1を超えてはいけません（第10号、第11号）。
公益目的事業財産の管理について定款に定めていること	公益法人の財産のうち、公益目的のために消費されるべき財産を「公益目的事業財産」といいます。特に、公益目的事業を行うために不可欠な特定の財産があるときは、その管理について、必要な事項を定款で定める必要があります（第16号）。公益のために集めた財産は最後まで公益的に消費するべきものですので、1公益認定の取消しを受けたときなどは公益目的事業財産の残額を（第17号）、2解散したときは残余財産を（第18号）、それぞれ公益目的団体等に贈与する旨、定款に定める必要があります。

出典：内閣府「民間が支える社会を目指して」を参考に編集部作成

本文内の用語解説

監事監査

　監事は、理事の職務の執行を監査し、理事が作成した計算書類及び事業報告並びにこれらの附属明細書を監査するだけではなく、その職務の遂行のため、理事及び使用人に対し事業の報告を求め、法人の業務及び財産の状況を調査できるなどの広範な権限を与えられています。広範な権限が与えられている中でも、重要性が高いのは計算書類及び事業報告並びにこれらの附属明細書を監査することです。公益法人における各事業年度の決算を確定させる手続において、監事監査は最初のステップとして重要な役割を果たしています。

理事会

　理事会は、法人の業務執行を決定し、理事の職務執行を監督するとともに、代表理事を選定・解職する権限を持っています。代表理事がその職務上の義務に違反し又は職務を怠っている等の場合には、解職権限を適切に行使することも理事会の責務です。

　理事会は、原則として、事業年度に4回以上開催する必要がありますが、例外として定款に定めがある場合に限り、毎事業年度に2回以上の開催とすることができます。

　公益法人における各事業年度の決算を確定させる手続において、監事監査の後に理事会の承認を経ることが求められます。

評議員会

評議員は、公益（一般）財団法人の最高議決機関である評議員会の構成員です。

評議員会は、法人の基本的な業務執行体制（理事・監事等の選任・解任）や業務運営の基本とルール（定款の変更）を決定するとともに、計算書類の承認等を通じて、法人運営が法令や定款に基づき適正に行われているか監視する役割を担っています。理事や監事がその職務上の義務に違反し又は職務を怠っている場合には、解任権限を適切に行使することも評議員会の責務です。

評議員会の承認によって決算が確定することになりますので、年に1回、事業年度の終了後一定の時期に定時評議員会を開催する必要があります。

補助金精算検査

国又は地方公共団体が支出する補助金等は、その対象となる補助事業等の完了後に、最終的な補助金等の額を確定する手続が行われます。補助事業等の成果が補助金等の交付決定の内容等に適合するものであるかどうかの調査を一般的に補助金精算検査と呼んでいます。

均等割申告

公益法人又は一般法人が収益事業を行わない場合であっても法人住民税の均等割は課税されます。均等割のみを申告する場合には、毎年4月1日から3月31日までの期間についての均等

割を、4月30日までに均等割申告書により申告納付します。

免除申請

　公益法人は、前年の4月1日から3月31日までの全期間において収益事業を行わない場合には、申請によって住民税の均等割が免除されることがあります。

決算書作成

　財産目録、計算書類（貸借対照表、損益計算書（正味財産増減計算書））及びこれらの附属明細書を作成することです。

消費税申告

　消費税の納税義務がある者が所轄の税務署へ申告する手続です。

損益計算書等の提出

　収益事業を行っていない公益法人又は一般法人で法人税の申告義務がない法人は、年間の収入金額の合計額が8,000万円以下の場合を除き、原則として事業年度終了の日の翌日から4月以内に、その事業年度の損益計算書又は収支計算書を、所轄の税務署に提出しなければなりません。

年末調整

　法人が1月から12月の1年間における役員又は使用人の給与

に係る所得税の精算をする行為です。

法定調書合計表

　法人が、1月から12月の1年間のおける特定の支払いに係る法定調書を翌年1月31日までに所轄の税務署へ提出する際の集計表です。

償却資産申告

　法人は、毎年賦課期日（1月1日）現在所有している償却資産の情報を課税団体である市町村（東京23区の場合には都税事務所）へ1月31日までに申告する必要があります。償却資産とは、土地建物以外の固定資産で時の経過によって価値の減少する資産をいい、機械装置や器具備品などが該当します。

決算見込み

　今年度の途中までの予測データ実績と今後の決算日までの予測値に基づいて作成される決算書をいいます。来年度の収支予算書を作成する基礎データとなります。

収支予算書作成

　公益法人では、認定法において収支予算書の作成及び保存が義務付けられています。収支予算書は、資金の増減を表す資金ベースの計算書ではなく、損益ベースの計算書で、会計区分別に記載する必要があります。

基礎知識

職員の入職

　労務手続のスタートになりますので、必要書類の回収を漏れなく行う必要があります。中途採用の場合には、前職から引き継ぐべき書類もありますので、迅速な対応が求められます。

年度更新

　労働保険年度更新は、前年度の4月1日から3月31日までの期間における賃金を集計して、「概算保険料」の前払いと「確定保険料」の精算を行う手続です。

定時改定

　事業主は、7月1日現在で使用している全被保険者の3カ月間（4月、5月、6月）の報酬月額を算定基礎届により届出して、毎年1回標準報酬月額を決定します。

臨時改定に伴う等級の変更

　被保険者の報酬が、昇（降）給等の固定的賃金の変動に伴って大幅に変わったときは、定時決定を待たずに標準報酬月額を改定します。

本書は、『公益・一般法人』（全国公益法人協会）2022 年 4 月 1 日号〜 2023 年
3 月 15 日号に掲載の連載「チャットでわかる事務局 ToDo」を再編集し、書籍
化したものである。

チャットでわかる
社団・財団の経理・総務の仕事

目次

第 5 章　8月の運営

第 6 章　9月の運営

第 7 章　10月の運営

第 8 章　11月の運営

第 9 章　12月の運営

第 10 章　1月の運営

第 11 章　2月の運営

第 12 章　3月の運営

※本書の内容は 2023 年 12 月 27 日現在の法令等によります。

４月の運営

補助事業の精算検査
（会計・税務）

たから事務局長

念願の新メンバーを紹介するね。はじめ君です！公益法人の業務は未経験だけれども、少しずつ慣れてもらえれば１年後には貴重な戦力になれるよ。

はじめまして、本日からお世話になるはじめです。よろしくお願いします！

はじめ君

あおい課長

いやー、事務局に新たな人材が入ってきて本当にうれしいわね。公益財団法人チャット協会（以下、当協会という）の中枢である事務局は、少数精鋭で事務局長と私しかいなかったから、はじめ君が入職してくれて、組織っぽくなってきたわね！

前職では経理課で伝票起票と入金管理しか任せてもらえず、法人全体の事業活動に携わることを希望していたのでうれしいです！けど、３名で事務局の運営は可能なのでしょうか……。

はじめ君

あおい課長

安心してください。これまでは、事務局長と私の2人で運営できていたから、はじめ君が加わってかなり余裕ができるはずよ。

たから事務局長

私は各事業課との調整などが仕事だから、残念ながら事務局で作業する時間はほとんどないんだ。事務局で事務作業をするのは月末くらいかな。

はじめ君

面接のときは、優秀なスタッフがいるので、ほとんど実務は任せて決裁のみを行っていると仰っていました。そうすると、実務はほとんどあおい課長が対応しているのですか?

あおい課長

事務局長は、基本的には月末だけ事務局で作業をするから、実務に携わることはほとんどないわね。これまでは私1人で悶々としていたけれど、ようやくパートナーができてうれしいわ。これからは2人で頑張ろうね!

はじめ君

はい、よろしくお願いします。(しかし、事業内容は多岐にわたるのに総務、経理などの業務を担う事務局を実質1人でまわすことなどできるのだろうか?まあ、上司さんは親切そうな方なので、これも何かの縁と思って協会の事務局の一員になれるように頑張ろう!)

あおい課長

まずは決算だけど、公益法人といっても、株式会社などの営利法人と決算の基本的な内容には大きな差異はないのよ。4月上旬の仕事としては、3月末で事業年度が終了したから、会計帳簿を締める必要があるわね。

会計処理は月々処理されているのですか？

はじめ君

あおい課長

現金や預金の動きは月次で処理が済んでいるわよ。3月分については、3月の入出金に係る伝票だけではなく、未収や未払に係る伝票も必要なの。当協会では、3月末だけ未収や未払いを認識しているので、昨年度の決算整理伝票を見るとイメージがわくと思うわ。

1取引で1枚の伝票となっているようですね。伝票を起票すると自動に仕訳が切られるシステムなので、昨年度の決算整理伝票のうちで、今年度も必要なものをコピーして使用すると効率的ですね。

はじめ君

あおい課長

さすが、経理経験者ね。分かる範囲で昨年度ベースにならって伝票の起票をお願いします。私は補助事業の精算検査の準備を進めるわね。

はじめ君

精算検査？決算作業中なのに誰かの検査を受けるのですか？

あおい課長

当協会では、地方公共団体からの要請で実費精算を行う補助事業を行っているの。事業課と協力して精算検査資料を作成する必要があるのよ。この資料を作るのが面倒なのよね。

はじめ君

領収書や請求書を細かくチェックするのですか？

あおい課長

領収書や請求書だけならいいけれども、重要性の低そうなものまでファイリングするように指示されていて、ファイリングの方法や順番も決まっていることが多いの。検査する側への配慮なのかもしれないけれど、作る側の気持ちにもなって欲しいわね。この人件費のファイル見てみなよー。

はじめ君

確かに、これを各事業で科目ごとに作成するのは面倒ですね……。

あおい課長

各科目のファイルを作って、その集計結果を実績報告書という収支決算書みたいなものにまとめて、各事業における実費の支出を算出するの。そして、同額の補助金を当協会の収益として認識することになるのよ。

各事業の支出額を管理しなければならないですね。各事業の収支計算書みたいなものを作るのですか？

はじめ君

【人件費に関する書類のファイリング例】

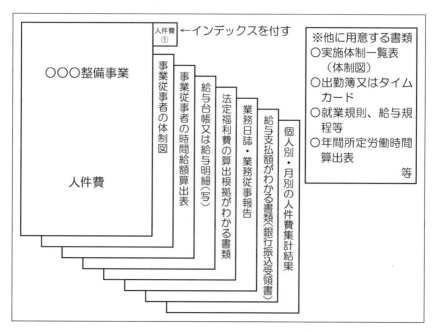

出典：経済産業省「補助事業事務処理マニュアル」

あおい課長

当協会では、全体の収支計算書は作成していない
けれども、精算検査を行う補助事業は、精算検査
のために個別に収支計算書を作成しているのよ。

補助事業に係る収益は、事業年度が終了してから
後払いで支払われるのですか？手間ばかり掛かっ
て、効率を求める営利法人では対応できないです
ね。

はじめ君

あおい課長

さすがに事業年度が終了しないと入金されないの
では、資金ショートしてしまうわね。補助金は4半
期ごとに入金になることが多いのよ。精算検査が
完了しない段階では、本来は前受金のような状態
となるわね。

試算表には前受金などありませんでしたけど……。

はじめ君

あおい課長

当協会の処理は、4半期の入金時に収益として認識
しているの。精算検査の結果で追加支給があった
ら収益の追加として、返還があるときには収益の
マイナスとして処理しているわ。最終的に収益に
なるのであれば、事業年度の途中に前受金などは
使わなくて実務的には問題ないのよ。

精算検査で補助事業の収益が決まるとなると、精算検査が終わらないと当協会の決算が締まらないのですね。

当協会の決算が締まらないだけではないよ。地方公共団体としても収支が確定しないから、4月末までには精算検査を終わらせることになっているの。

それはプレッシャーですね……。

新規事業などがなければ、4月中旬くらいには精算検査は終わっていることが多いのよ。はじめ君は、精算検査が終わるまでに昨年度の決算整理伝票を確認しながら、決算整理を進めてね。

POINT

　当協会は、補助金を財源とする補助事業をおこなっているんだ。受取補助金は業務の対価ではなく、財源援助としての「助成的性格」をもっているため、対価性のない収益なんだよ。

　受取補助金と似ている収益に受託収益というものがあるよ。国や地方公共団体との契約に基づいて支払われる受託収益は、「対価的性格」を有する収益なので本質的に補助金とは異なるんだ。支払元が補助金と似ているので混同しがちだけれども、

受取補助金と受託収益は明確に分けなければならないよ。

　取得した資産に係る所有権の帰属先にも注意が必要だよ。一般的には、補助事業で取得した資産の所有権は補助事業者に帰属して、受託事業で取得した資産の所有権は委託者である国や地方公共団体に帰属するんだ。

【委託費と補助金の違い】

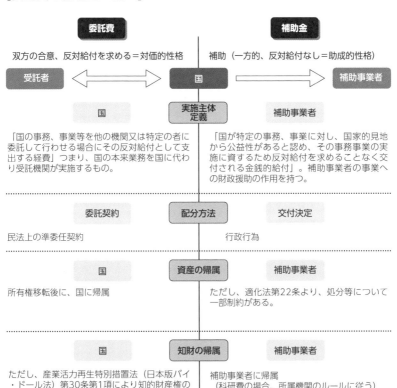

出典：文部科学省「委託費と補助金の違い 資料5」を参考に編集部作成

４月の運営

職員の入職手続
（労務）

あおい課長

４月は人事的な異動があるので、労務的な作業として入退職の手続を忘れずに行わないとね。当協会は基本的に正職員のみなので、入退職などの異動は少ない方だと思う。だけど、今年ははじめ君が入職したので、久しぶりに入職手続をすることになるね。

ちなみに私の入職手続は、自分でやるのでしょうか？

はじめ君

あおい課長

顧問となっている社会保険労務士に依頼しても構わないけど、制度を理解するために入職手続を自分でやるのも良いと思うわ。手順としては①社会保険、②雇用保険、③税務手続の順番で整理するとイメージが湧くんじゃないかしら。

まずは社会保険ですね。前職では経理のみだったので、社会保険は未知の領域です……。

はじめ君

あおい課長

本来であれば、社会保険といっても、健康保険と厚生年金で分けて加入資格などを整理すべきだと思うの。だけど、当協会では正職員のみを雇用していて、65歳を定年としているので、加入資格はあまり気にしなくて大丈夫。まずは基本的な加入手続の流れを確認してみましょうね。

【入職時の社会保険の手続】

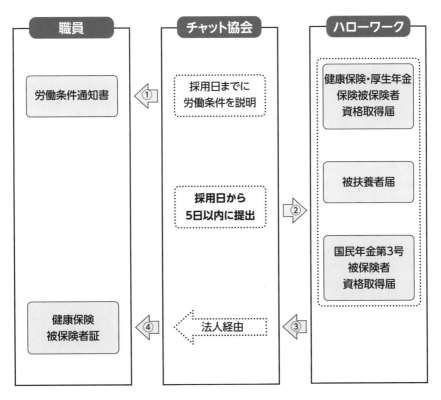

はじめ君

労働条件通知書って、入職説明のときにもらった労働条件が細かく書いてある書面ですよね。法人から年金事務所に書類を提出するのは、採用日から５日以内なのですね。５日って、短くありませんか？

あおい課長

年金事務所への手続が５日以内に完結しなくても社会保険に加入できないわけではないみたい。けれども、この手続は健康保険証の交付に直結するので、なるべく早く対応した方がいいでしょうね。

はじめ君

私はまだ独身で扶養親族がいないので、健康保険・厚生年金保険被保険者資格取得届のみで大丈夫ですね。

あおい課長

そうだね。月々の通勤手当を含めた固定給与の金額、基礎年金番号又は個人番号などを記載して、年金事務所に郵送すれば完結するからやってみてよ。

はじめ君

不慣れな様式だったので、日本年金機構のHPで確認しながら何とか作成しました……。

あおい課長

不慣れなことでも調べるとなんとかなることが多いので、まず調べてみるという習慣は大切ね。次は、雇用保険ね。

はじめ君

雇用保険では、職員が提出するものがあるのですね。雇用保険被保険者証なんかは持っていないような気がしますけど……。

【入職時の雇用保険の手続】

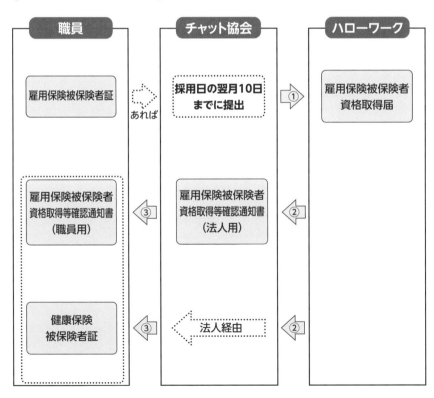

あおい課長

前職で雇用保険に加入したときにもらっていると思うわよ。たしか、細長い厚手の紙だったような気がするわ。なければないなりに処理ができるからそんなに気にしなくても大丈夫！雇用保険の手続は、健康保険・厚生年金保険に比べると時間的な余裕もあるけれど、一緒に処理した方がいいでしょうね。

雇用保険の手続は様式も分かりやすいので、何とか自力で処理できそうです。

はじめ君

あおい課長

最後は税務手続ね。税金といっても、個人に関することなので税目は所得税と住民税になるよ。

両方とも給与計算業務に関係しますね。

はじめ君

あおい課長

まず、入職したら前の勤務先が発行した源泉徴収票と扶養控除等申告書を当協会に提出してもらう必要があるの。源泉徴収票は、年末調整に使うので年末までに提出できれば問題はないわ。しかし、年末まで待つと紛失することなども考えられるので、当協会では入職時に提出してもらうようにしているのよ。

はじめ君

扶養控除等申告書を最初の給与支給日までに提出するということは、毎月の給与計算に必要な書類ということでしょうか?

あおい課長

そうなの。扶養控除等申告書がないと扶養親族などの情報が分からないので、源泉徴収税額を正確に計算することができないのよ。また、所得税法上の規定で、扶養控除等申告書がないと源泉徴収税額の計算にあたって乙欄という方法で計算することになってしまうの。

はじめ君

乙欄ですか……。

あおい課長

月給制の給与については、扶養控除等申告書の提出があれば適正な計算ができるので、甲欄という方法で計算することができて、年末調整による精算もできるの。しかし、扶養控除等申告書の提出がないということは、副業的な勤務体制と捉えることになるので、年末調整の対象からも外されてしまい、税負担も重くなっているのよ。

4月
5月
6月
7月
8月
9月
10月
11月
12月
1月
2月
3月

たから事務局長

POINT

　給与に係る源泉所得税額を計算するための区分は、支給方法によって月額表と日額表に分かれているんだ。月額表であれば、甲欄、乙欄に分かれていて、日額表であれば甲欄、乙欄、丙欄の3パターンに分かれるよ。（【給与等の支給区分と源泉徴収税額表】を参照）

【給与等の支給区分と源泉徴収税額表】

税額表の区分	給与等の支給区分		税額表の使用する欄
月　額　表	(1)月ごとに支払うもの (2)半月ごと、10日ごとに支払うもの (3)月の整数倍の期間ごとに支払うもの		甲欄……「給与所得者の扶養控除等申告書」を提出している人に支払う給与等 乙欄……その他の人に支払う給与等
日　額　表	(1)毎日支払うもの (2)週ごとに支払うもの (3)日割りで支払うもの	日雇賃金を除きます。	甲欄……「給与所得者の扶養控除等申告書」を提出している人に支払う給与等 乙欄……その他の人に支払う給与等
	日雇賃金		丙欄
賞与に対する源泉徴収税額の算出率の表	賞与 　ただし、前月中に普通給与の支払がない場合又は賞与の額が前月中の普通給与の額の10倍を超える場合には、月額表を使います。		甲欄……「給与所得者の扶養控除等申告書」を提出している人に支払う賞与 乙欄……その他の人に支払う賞与

※　日雇賃金とは、日々雇い入れられる人が、労働した日又は時間によって算定され、かつ、労働した日ごとに支払を受ける（その労働した日以外の日において支払われるものも含みます。）給与等をいいます。ただし、一の給与等の支払者から継続して2か月を超えて支払を受ける場合には、その2か月を超える部分の期間につき支払を受ける給与等は、ここでいう日雇賃金には含まれません（所令309、所基通185-8）。

出典：国税庁「源泉徴収のしかた」

はじめ君

月々の給与計算のためにだけ必要なものと思っていましたが、年末調整にも密接に関係しているのですね。

あおい課長

続いて、住民税ね。住民税は昨年分の所得金額から月々納付する金額が各市区町村から通知されて、その通りに徴収して納付すればいいのよ。つまり、当協会では決められた税額に基づいて給与計算をすれば難しいことはないの。

はじめ君

計算しなくていいのは楽ですね。

あおい課長

けど、入職した方が前の勤務先で住民税を給与から控除する特別徴収を行っていたら、新しい勤務先でも特別徴収を継続することを望むことが考えられるのよ。この転職者が特別徴収を希望するときの手続には注意が必要ね。

はじめ君

気をつけます。書類の流れでは、入職した職員が前の勤務先から預かったものを新しい勤務先に提出して、新しい勤務先が各市区町村に提出するのですね。私は最後の給与で未徴収となる住民税の残額を一括徴収してもらいました。

あおい課長

1月1日から4月30日までに退職した場合には、未徴収の特別徴収税額を最後の給与から一括徴収することになるので、はじめ君は退職日からすると特別徴収の継続は不可能だったわね。

そうすると、給与所得者異動届出書を提出して特別徴収を継続するのは、1月1日から4月30日までに退職した者以外の方なのですね。

はじめ君

あおい課長

6月1日から12月31日までに退職した者は、①自分で納付する方法（普通徴収）、②特別徴収税額を引き継ぐ（特別徴収の継続）、③最後の給与又は退職金から控除する（一括徴収）のいずれかを選択することになるの。

5月に退職した場合は、どうなりますか？

はじめ君

あおい課長

5月の給与で1年分の特別徴収が終わるので、通常どおり特別徴収されることで納税が完結するわ。つまり、一括徴収も特別徴収の継続もあり得ないことになるのよ。

はじめ君

新しい勤務先では、6月1日から12月31日までに退職した人を採用した場合には、特別徴収税額を引き継ぐという作業が生じる可能性があるのですね。前の勤務先から届出書を回してもらうので、スムーズに処理する必要がありますね。

【源泉徴収票と扶養控除等申告書の提出】

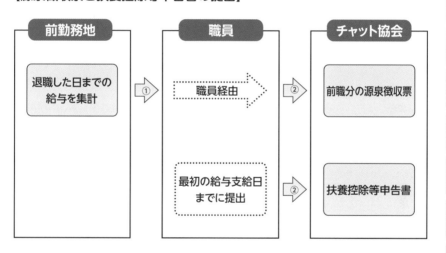

【住民税の異動手続】

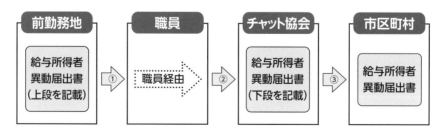

４月の運営

均等割申告、減免申請
（会計・税務）

あおい課長

４月の税務手続をお願いしますね。

はじめ君

当協会は、３月決算法人なので、５月までに申告するのですよね？まだ決算整理仕訳も入れていない状態で申告書など作成できるのですか？

あおい課長

公益法人は法人税法上の収益事業を行っている場合に法人税の確定申告を行うの。当協会は、法人税法上の収益事業を行っていないので、法人税の申告義務がないことになるわ。

はじめ君

収益事業を行っていない？公の施設の管理などの指定管理事業も収益事業ではないのですか？

あおい課長

指定管理事業は、その事業単体では管理業務を請け負っているような形態なので請負業と認定されることもあるでしょうね。でも、当協会の指定管理事業は、認定法における公益目的事業と整理されているから、法人税法上の収益事業には該当しないの。

それは公益目的事業に対する優遇税制ですか？

はじめ君

【公益法人が行う事業】

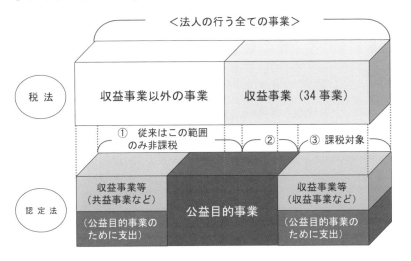

※1　認定法上、公益目的事業以外の事業を「収益事業等」といいます（認定法5条7号）。

※2　②の範囲に該当する事業については、法人税法上、収益事業から除外されています。

出典：国税庁「新たな公益法人関係税制の手引」

あおい課長

公益目的事業は利益の獲得を目的としていないので、優遇税制とは言い切れないわ。だけど、公益目的事業は、法人税法上の収益事業から除外されているので、当協会の指定管理事業も法人税法上の収益事業には該当しないのよ。

はじめ君

当協会は、公益目的事業と法人会計に分かれてます。公益目的事業は、法人税法上の収益事業にはならない。法人会計は、収益がないので収益事業にはなり得ない。したがって、当協会は、法人税法上の収益事業を行っていないので、確定申告の義務がないのですね。

あおい課長

よく整理できているわね。当協会のように法人税法上の収益事業を行っていない公益法人は、課税所得をベースとする法人税や事業税の申告は行わないのよ。その代わりに、法人住民税の均等割申告が義務になっているのよ。

はじめ君

法人住民税の均等割は、赤字でも納税義務のある税金ですよね。利益に対する税金が免除されていても、均等割だけを申告させるのですね。

あおい課長

均等割申告は、法人の決算期とは関係なく、年度で整理されていて、4月から翌年3月で区切って、翌年4月末日までに申告するの。けど、当協会は、収益事業を行わない公益財団法人なので、減免申請すると均等割も免除になっているのよ。

4月末までに均等割申告書と減免申請書を一緒に提出する必要があるけど、税負担はない仕組みなのですね。やっぱり、公益法人は優遇されていますね！

はじめ君

たから事務局長

POINT

　一般社団法人等は、法人税法上の収益事業を行っていない場合でも均等割が課税される自治体がほとんどなんだ。だけど、神奈川県や横浜市などでは、非営利型の一般社団法人等であれば、収益事業を行わない場合、均等割が免除されているよ。場所によって異なるので、都道府県税事務所や市町村に確認した方がいいね。

5月の運営

公益法人会計に基づく決算書の作成（会計・税務）

あおい課長

ゴールデンウイークも明けて、これからが決算シーズン本番といった感じだね！

はじめ君

4月中に未収、未払の計上は済んでいるので、補助金事業の精算仕訳と未払消費税を計上すれば試算表としては完成に近いような気がします。

あおい課長

さすがね。基本的な仕訳入力は目途がついたので、

これから細かい調整をするね。当協会では、公益法人用の会計ソフトを使っているけど、会計間の経費の配賦などはエクセルで調整してから伝票起票をするの。計算書類もエクセルで作成しているのよ。

会計ソフトだけでは完結しないのですか？

はじめ君

あおい課長

公益法人の決算書作成はエクセルが多いのではないかな。手作業が介入して面倒だけれども、細かい調整などはエクセルの方が万能なのよ。前年度の決算作業シートを見ておくと予習になるよ。費用の配賦や振替についても注意が必要だからね。

会計間の費用配賦が、それぞれの科目ごとに従事割合や面積割りなどの係数を使って按分されているのはエクセルから読み取れました。しかし、指定正味財産と一般正味財産の関係がよくわかりませんでした。

はじめ君

たから事務局長

POINT

　公益法人会計基準の適用が求められる法人は、①公益社団・財団法人②公益目的支出計画を実施している一般法人③公益認定の申請予定である一般法人なので、普通法人型の一般法人や公益認定を予定しない非営利型法人は公益法人会計の適用が強制されることはないよ。

あおい課長

指定正味財産と一般正味財産の関係は、営利法人の会計にはない概念だからわかりづらいのよね。

はじめ君

受取補助金等は正味財産計算書の下の方にある指定正味財産の部の収益とした後で、上の方にある一般正味財産に振り替えているような処理がありました。正直、意味がわからないです…。

あおい課長

一般正味財産は、公益法人が行う事業活動から生じた財産で自由に使うことができるものよ。一方、指定正味財産は、寄付などで受け入れた資産で、寄付者等の意思で使途や管理方法などに制約があるものなので、使用制限があるか否かで分けているのよ。

【公益法人会計基準の正味財産増減計算書】

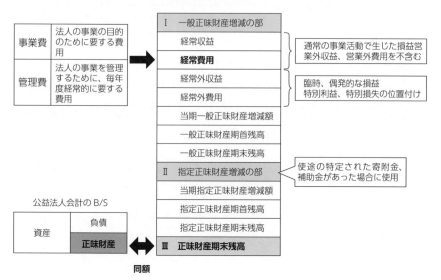

営利法人では、どのような活動で得た利益であっても、区分することがありませんでした。公益法人の利益は使用制限の有無で分けるのですね。

はじめ君

あおい課長

公益法人にとっては、指定正味財産と一般正味財産を分けることは重要なことのようね。当協会でいえば、自主事業から生じた正味財産は一般正味財産で、補助金事業から生じた正味財産は指定正味財産になっているわね。

補助金事業から生じた正味財産は指定正味財産なので、受取補助金等という収益科目は、まず指定正味財産の部に計上しているのですね。

はじめ君

あおい課長

公益法人会計基準では、補助金の受け入れ時には指定正味財産増減の部に計上するのが原則で、事業遂行時に費用化された金額を一般正味財産増減の部に振り替えることになっているよ。

原則ということは、例外があるのですか？

はじめ君

あおい課長

そうなの。例外的な処理として、同一事業年度以内に目的たる支出を行うことが予定されている場合は、一般正味財産へ振り替える手間を省くために最初から一般正味財産増減の部に記載できるみたい。

当協会では、原則通りに指定正味財産増減の部に計上してから、一般指定正味財産の部に振り替える処理をしているのですね。

はじめ君

あおい課長

当協会の補助金事業では、固定資産を取得することがあるので、受取補助金等の全額を直ちに費用処理することができないことが多いのよ。減価償却費の計上が発生すると指定正味財産増減の部から一般指定正味財産の部への振替が必要になって、さらに混乱してくるのよね。

「公益法人会計基準に関する実務指針」に減価償却の仕訳例が出ていました。（P59参照）この仕訳例で一般指定正味財産に振り替えているのは、補助金に対応する取得価額5,000に係る減価償却45なのですね。何のために振り替える必要があるのかわからなかったのですが、なんとなくイメージが湧いてきました。

はじめ君

【建物の会計処理】

　A社団法人はB省から建物購入に充当する目的で5,000の補助金を受け入れ、それに自己資金5,000を加えて10,000の建物を購入した。なお、耐用年数50年、残存価額10%、定額法で減価償却するが、当期は6か月間分減価償却費を計上する。

① 受け入れたときの仕訳

借方		貸方	
現金預金（B/S）	5,000	受取補助金等 －受取国庫補助金（指定）	5,000

② 建物を購入したときの仕訳

借方		貸方	
建物（B/S）	10,000	現金預金（B/S）	10,000

③ 減価償却費を計上するときの仕訳

借方		貸方	
減価償却費（一般）	90	建物（B/S）	90

$$10,000 \times (1-0.1) \times \frac{1}{50} \times \frac{6}{12} = 90$$

④ 指定正味財産増減の部から一般正味財産増減の部へ振り替えたときの仕訳

借方		貸方	
一般正味財産への振替額（指定）	45	受取補助金等 －受取国庫補助金（一般）	45

$$5,000 \times (1-0.1) \times \frac{1}{50} \times \frac{6}{12} = 45$$

出典：日本公認会計士協会「公益法人会計基準に関する実務指針」

あおい課長

理解が早いねー。では、追加の知識として、正味財産増減計算書では、上段で一般正味財産を計算して、下段で指定正味財産を計算していることから、貸借対照表の正味財産の部でも、一般正味財産と指定正味財産は区分しているのよ。

貸借対照表でも正味財産を２つに分けているのですね。

はじめ君

あおい課長

公益法人が保有する固定資産などは、その財源が一般正味財産なのか、指定正味財産なのかを明確にするために内訳を開示することになっているからね。

科目のところに「特定資産」という表現がありますね。これは固定資産の種類ですか？

はじめ君

【P59の仕訳に対応する基本財産及び特定資産の財源等の内訳】

科目	当期末残高	（うち指定正味財産からの充当額）	（うち一般正味財産からの充当額）	（うち負債に対応する額）
特定資産				
建物	9,910	(4,955)	(4,955)	0

あおい課長

公益法人会計では、固定資産の分類も特徴的だったわね。固定資産は３つに区分されていて、①基本財産は、法人の定款において基本財産と定められたもので、法人存続の基礎となるもの。②特定資産は、基本財産以外の固定資産において、特定の目的のために使途、保有又は運用方法等に制約が存在する資産、③その他固定資産は①、②以外の固定資産となるようね。

特定資産は、基本財産以外の固定資産で、特定の目的のために使途、保有又は運用方法等に制約が存在する資産だとすると、補助金を財源とする資産は特定資産に該当することになりますね。

はじめ君

あおい課長

そうね。当協会では、補助金を財源にした固定資産は特定資産に分類しているわ。

当協会の処理としては、①収益科目である受取補助金等は指定正味財産の部で計上して、②固定資産を取得したら特定資産として、③減価償却が行われたら一般正味財産の部に振り替えて費用処理するという流れですね。

はじめ君

あおい課長

よくできました！公益法人会計では、企業会計よりも細かい情報開示を求めているので、計算書類を作成する我々も制度を理解しないとね。では、減価償却の伝票を起票してみようか。

新規取得資産は、財源が補助金か否かが重要なので、事業区分と財源を確認した方がいいですよね。

はじめ君

あおい課長

なかなか見込みがあるわね！

よく言われます。

はじめ君

【公益法人会計基準の貸借対照表】

資産の部	負債の部
流動資産	流動負債
固定資産	固定負債
基本財産	正味財産の部
特定資産	**指定正味財産**
その他固定資産	**一般正味財産**

目的事業に不可欠なものとして定款で基本財産として定めた財産

特定の目的のために、使途、保有、運用方法等に制約のある財産

寄附金、補助金などの使途が特定されている利益に係る正味財産（基本財産や特定財産に対応することが多い）

指定正味財産以外の正味財産（通常の事業活動）

５月の運営

第2章 -②

監事監査、理事会の招集通知（機関運営）

あおい課長

計算書類が整ったら、次は監事監査だね。

監事ですか。監事監査では、実際に監査など行うのですか？なんか、判子を押すだけの役職のイメージですね……。

はじめ君

あおい課長

当協会の監事は、決算監査では１日と限られた時間ではあるけれども、監事としての職務を果たすために理事又は使用人から意見を聴取して、会計帳簿等を確認してから監査報告をしているわよ。理事会にも毎回出席しているし、単に監査報告書に押印するだけの役職ではないのよ。

監事の職務とは、どのような内容なのですか？

はじめ君

あおい課長

監事は、理事会への出席義務を果たして法人の業務運営状況を把握し、法令・定款に違反する決議や著しく不当な決議等が行われるのを監視することが主な仕事かな。その結果として、計算書類等の会計監査のみならず事業報告も含む業務監査も行って監査報告を作成することになるの。

会計監査だけではなく、業務監査も業務範囲になっているのですね。客観的に会計監査と業務監査をするのは難易度が高い仕事ですね。

はじめ君

あおい課長

ちなみに監事は、以下のような適性をもつ人物が望ましいとされているみたいね。
①法人の業務運営に一定の知見を有し、業務監査能力を備えている。②会計制度に一定の知見を有し、計算書類の監査能力を備えている。③関係法令に一定の知見を有し、理事（会）の職務の執行（決定）等が法令に違反しないよう監視できる能力を備えている。

誰でもいいというわけではないのですね。当協会の監事は、どのような方なのですか？

はじめ君

あおい課長 公益法人に詳しい弁護士の先生が監事になっているわよ。5月下旬は決算シーズンで忙しいから、早めに監査日程を決めて予定を押さえないとね。

監事監査はいつまでに行う必要があるのですか？
はじめ君

あおい課長 厳密には、理事会の前に終わっていれば問題はないの。だけど、理事会の日の1週間前までに、各理事及び各監事に対して招集通知を発しなければならないから、理想的には理事会が行われる1週間前には監査報告書を手元に置いておきたいわね。

最悪でも理事会の開催時間までに監査が終わっていればいいのですね？
はじめ君

あおい課長 確かに法律上は理事会の招集通知に監査報告書を添付する義務はないのよ。だけど、当協会では理事会の招集通知に計算書類と監査報告書を添付しているわ。

法律上の要件ではなく、当協会の運営上のルールなのですね。自ら厳しくする必要もないと思いますけど？
はじめ君

65

あおい課長

正直、私も面倒だなと思っているけれども、公益財団法人に移行する前からの慣習みたいで、事務局長の指示で踏襲しているのよ。

あおい課長

理事会の招集通知では、日時と場所を通知すれば法律上の要件は充足するよ。だけど、事前に議案なども知ってもらえれば理事会の進行もスムーズになるし、事務局の仕事も早く終わるわよ。

ところで、理事会が行われるたびに、各理事及び各監事に対して招集通知を出す必要があるのですか？

はじめ君

あおい課長

招集通知は法律上の要件になっているのよ。けど、理事及び監事の全員の同意があるときは、招集の手続をせずに理事会を開催することができるわよ。

それは助かりますね。当協会でも招集通知の省略ができると事務局も楽ですよね。

はじめ君

あおい課長

当協会の理事及び監事は、事務局がいつも多忙でギリギリのスケジュールで動いていることをご存知なので、招集通知の省略には同意してくれると思うの。だけど、事務局長がそれを望んでいないので無理でしょうね……。

当協会においては、招集通知の省略は、やむを得ない事情で招集通知が遅れたときの保険みたいなものですね。

はじめ君

たから事務局長

POINT

招集通知の省略を行う法律上の要件は、「同意」であって「同意書」ではないことから、電話やメールなどでも特に問題はないよ。ただ、トラブル防止の観点から、書面やメールなどの記録が残る形で通知するのが望ましいと考えられているよ。

【理事会招集手続の省略をする場合の同意書の例】

令和４年６月２日

公益財団法人チャット協会　御中

理事（監事）　公益　太郎

理事会招集手続省略の同意書

　私は、当法人の理事（監事）として、一般社団法人及び一般財団法人に関する法律第197条の規定に基づき、理事会の招集手続きを省略して、下記のとおり第○回理事会を開催することに同意します。

記

1　日　　時　令和４年６月７日　午後２時から午後４時

2　場　　所　当協会会議室

3　議　　題　第１号議案　令和３年度事業報告及び決算の承認の件
　　　　　　　第２号議案　令和３年度定時評議員会招集の承認の件

報告事項　職務執行状況の報告について
　　　その他

以上

６月の運営

第**3**章

理事会、評議員会

（機関運営）

あおい課長

> 監事監査も無事に終わったので、次は決算承認の理事会になるわね。

> 理事会といっても、何をどうしたらいいのですか？

はじめ君

あおい課長

> まずは、スケジュールを確認しましょう！ 実は、理事及び監事については４月の上旬に理事会の日程調整が終わっていることが多いのよ。理事及び監事は、スケジュールを押さえるのが難しいので、６月上旬に理事会を開くために、４月上旬に日程調整をするのが恒例となっているの。

> 理事会の招集通知は１週間前までに出すことになっていたと思います。２か月も前にスケジュールは決まっていたのですか？

はじめ君

あおい課長

4月上旬の日程調整は、事前のスケジュール確認みたいなものね。法的には、理事会の1週間前までに理事及び監事に招集通知を送ることになっているけれど、当協会の理事と監事のスケジュールが1週間前で空いているとは考えづらいので、4月上旬には調整しているのよ。

そうすると、理事会の日程が既に決まっているのであれば、次は評議員会の日程を決めるのですか？

はじめ君

あおい課長

申し訳ないけれど、評議員会の日程も調整済みなの。理事及び監事は、理事会と評議員会の両方に出席するので、理事会の日程を決めるときに評議員会の候補日も決めて、その候補日のうちで評議員と調整して決めてあるのよ。

日程が決まっているのであれば、何も確認することはないのではありませんか？

はじめ君

あおい課長

確認してほしいのは、理事会と評議員会の日程調整に関する法律上の規定なの。法律上は、決算承認理事会と評議員会はいつでも開催していいわけではなく、理事会の承認を受けた計算書類等を備え付けた日から中14日間以上の期間を空ける必要があるのよ。

中14日間以上の期間を空けるというのは初耳なのですが……。

はじめ君

あおい課長

株式会社のベースとなる会社法でも、取締役会設置会社は、計算書類等を定時株主総会の日の2週間前の日から5年間保存しなければならないとされているわ。公益財団法人のベースとなる一般社団法人及び一般財団法人に関する法律でも同様の規定が設けられているのよ。

公益財団法人だと法律上の要請は厳守が求められるのですか?

はじめ君

あおい課長

このあたりの機関運営は、公益認定等委員会の立入検査のチェック項目になっているのよ。

理事会が終わった後にすぐ評議員会を開催するのは法律違反なのですね。

はじめ君

あおい課長

そう、原則的には中14日以上の期間を空ける必要があるわね。

【計算書類及び事業報告等※1を承認する社員総会・評議員会について】

　理事会を設置している法人は、法人法により、計算書類及び事業報告等を承認するための、理事会の開催日と社員総会・評議員会の開催日との間を**中14日間**※2**以上**空ける必要があります。

　この14日間は、**社員総会・評議員会の審議のため、社員・評議員が計算書類及び事業報告等の内容を、事前に確認するための**期間です。

　法人運営における重要事項になりますので、留意してください。

〈計算書類及び事業報告等を承認するプロセスの一例〉

○月N日　理事会の開催

〈理事会決議事項〉
・計算書類及び事業報告等の承認【法人法124条3項（199条）】
・社員総会・評議員会開催の決議（日時・場所・議題等の決定）【法人法38条（181条）】

〈理事会決議後実施事項〉
・社員総会・評議員会の招集通知の発出【法人法39条1項（182条1項）】
・上記の招集の通知に際し、計算書類及び事業報告等を提供【法人法125条（199条）】
・計算書類及び事業報告等の備え置き【法人法129条1項（199条）】

中14日間（2週間）以上を空けることが必要
※計算書類及び事業報告等を備え置いた翌日
　　　　　　　　　　　　　　　　　　　～ 社員総会・評議員会の前日

・社員・評議員が、社員総会・評議員会までに、
　計算書類及び事業報告等の内容を、事前に確認するための期間
・計算書類及び事業報告等は、社員総会・評議員会開催の
　2週間前から5年間備え置くことが必要【法人法129条1項（199条）】

○月N+15日　社員総会・評議員会の開催

・計算書類及び事業報告等の承認【法人法126条（199条）】

※ 1：「計算書類及び事業報告等」とは、計算書類及び附属明細書、事業報告及び附属明細書、監査報告、会計監査人報告をいいます。なお、社員総会・評議員会の招集通知の際には、附属明細書を提供する必要はありません。
※ 2：民法の規定【民法140条、141条】に従い期間を計算するため、中14日間となります。

出典：内閣府「社員総会・評議員会の開催日程」

理事会には招集通知の省略という制度があったと思います。評議員会にも招集通知の省略という制度はあるのですか？

はじめ君

あおい課長

5月の運営で確認したことをよく覚えていたわね。理事会は、理事及び監事の全員が同意するときには、招集手続がなくても理事会を開催することができるのよ。これは基本的に評議員会も同じね。

招集通知は、理事会と評議員会どちらでも同じような制度なのですね。

はじめ君

あおい課長

評議員会の招集通知は、原則的には理事会の決議を経ることが前提となっていて、日時や場所だけではなく、決議をする議題も定めなければならないのよ。理事会の招集通知よりも厳密な感じがするわね。

ところで、招集通知は省略できますが、理事会や評議員会の開催を省略することはできないのですか？

はじめ君

あおい課長

　理事会は実際に理事や監事が一同に集まって開催することが大原則ね。けれども、理事全員の同意があって、監事全員が異議を述べなかったときは、理事会を開催することなく、決議があったとみなすことができるの。これを「決議の省略」と呼んでいるわ。

決算承認の理事会でも決議の省略は適用できるのですか？

はじめ君

あおい課長

この決議の省略は、決算承認理事会でも適用できるのよ。令和3年度の決算承認の理事会はコロナ禍だったので、当協会でも決算承認理事会は開催しないで、決議の省略で済ませたのよ。

決議の省略は便利な制度ですね。こんな便利な制度があるのであれば、人を集めて理事会を開催しない法人が多いのではありませんか？

はじめ君

あおい課長

　楽だからと言って、常に決議の省略を適用するのは、あまり良い対応とは言えないわね。決議の省略は例外的な対応なので、やむを得ない場合の緊急措置としてとらえるべきではないかな。あと、理事会については、定款において決議の省略ができる旨の定めがないとできないのが決まりよ。

たから事務局長

POINT

　最近ではWeb会議などが普及して、必ずしも対面で理事会や評議員会を行う必要がなくなってきているから、決議の省略は減ってくるかもしれないね。ただ、いざというときのために、決議の省略ができるように定款の見直しが必要だね。

【定款の例①】
（決議）
第〇条　理事会の決議は、決議について特別の利害関係を有する理事を除く理事の過半数が出席し、その過半数をもって行う。
2　前項の規定にかかわらず、一般社団法人及び一般財団法人に関する法律第96条※の要件を満たしたときは、理事会の決議があったものとみなす。

【定款の例②】
（理事会の決議の省略）
第〇条　理事が、理事会の決議の目的である事項について提案した場合において、その提案について、議決に加わることのできる理事の全員が書面又は電磁的記録により同意の意思表示をしたときは、その提案を可決する旨の理事会の決議があったものとみなす。ただし、監事が異議を述べたときは、この限りではない。

※　財団法人の場合は197条

はじめ君

そうすると、コロナ禍での決議の省略は、イレギュラーな対応だったわけですね。

あおい課長

そうね。事前に決議の省略を行うことは決まっていたので、司法書士の先生の指導でスムーズに対応できたと思う。手続としては、①理事が「理事会の決議の目的である事項」を記載した提案書を理事及び監事全員に送付、②理事全員が同意書を提出し、監事全員が異議のないことの確認書を提出、③同意書及び確認書の回収、④理事会議事録の作成、といった感じだったかな。

はじめ君

理事会を開催しなくても、議事録は作成するのですね。議事録に記載する開催日はいつになるのですか？

あおい課長

同意書と確認書がすべて返送された日が「理事会の決議があったものとみなされた日」になって、理事会の開催日の代わりになるのよ。

はじめ君

理事会で決議の省略という制度があるのであれば、評議員会でも同様の規定がありそうですね。令和3年度の定時評議員会は開催されたのですか？

あおい課長 令和3年度の定時評議員会も理事会同様に決議の省略で対応しているわ。

はじめ君 評議員会における決議の省略も理事会の決議の省略と同じように定款に定めがないと適用できないのですか？

あおい課長 実は、評議員会における決議の省略は、定款の定めがなくても大丈夫なのよ。当協会の定款にも評議員会の決議の省略についての条項はないわ。

はじめ君 決算承認の理事会と定時評議員会の中14日間以上の期間を空ける必要があるという規定は、定時評議員会が対面で開催されることが前提となっているのですよね。決議の省略が行われた場合でも中14日間以上の期間を空ける意味はあるのですか？

あおい課長 いい着眼点ね。中14日間以上の期間を空ける必要性は計算書類等の保存期間の規定からの要請だったわね。定時評議員会が決議の省略で行われる場合には、決議の省略についての提案があった日（理事会の日）から5年間の保存が求められるので、中14日間以上の期間を空ける必要性はなくなるのよ。

はじめ君

そうなんですね。ところで、招集通知や議事録などを作ることになりますが、これらの事務作業も事務局で行うのですか？

あおい課長

これらの書類は、理事、監事及び評議員に関係するものだし、ミスを避けるという観点から、私たちが作成してから司法書士の先生に確認してもらっているわ。

はじめ君

専門家のダブルチェックがあると安心しますね。

たから事務局長

POINT

　原則としては、評議員会の日の２週間前の日から５年間、計算書類等その主たる事務所に備え置かなければならない。しかし、評議員会が決議の省略を行う場合は、提案があった日から５年間、計算書類等をその主たる事務所に備え置けばいいので、中14日以上の期間を空ける必要がなくなるよ（法人法129条①、199条）。理事会の開催が遅れてしまって、中14日間以上の期間を空けると評議員会を期限内に開催できないときにも有効な手段だね。

６月の運営

第**3**章
－
②

定期提出書類（機関運営）

あおい課長

理事会と評議員会の準備の目処が立ったので、内閣府へ提出する定期提出書類の作成に取り掛かりましょう！

前職では、内閣府との接点などなかったので、何を提出するのか見当もつきません……。

はじめ君

あおい課長

当協会は、内閣府の公益認定等委員会の認定を受けて、公益財団法人として活動しているの。認定法人としての要件が欠落していないかなどの確認のため、毎年６月末までに定期提出書類を電子申請しているのよ。

毎年提出するのですね。税務申告のように計算の間違いなどがあった際には、調査があったりするのですか？

はじめ君

4月
5月
6月
7月
8月
9月
10月
11月
12月
1月
2月
3月

あおい課長

定期提出書類に明らかな誤りがあった場合は、公益認定等委員会の担当者から連絡がきて、補正することになるわ。

はじめ君

えー、毎回チェックを受けているようなものですね。罰金はあるのですか？

あおい課長

税務申告のように納税手続をしているわけではないので、罰金のようなものは発生しないわね。その代わりに、補正事項を適切に補正できない場合には公益認定が取り消される場合もあるわ。

はじめ君

それって、罰金なんかよりも重要ですよね？当協会の存続にかかわることで、お金では済まされないことですね……。

あおい課長

確かに重要な報告ではあるけれども、当協会の運営状況で公益認定が取り消されることは考えづらいから、必要以上に心配することはないと思うよ。ミスのない提出書類を作ることはもちろん、内容を指摘された際に真摯に対応することも重要ね。

はじめ君

定期提出書類を作成するにあたって、なにか特別な知識は必要ですか？

あおい課長

特別な知識や経験はそこまで必要なくて、公益法人の運営に携わっている者であれば作成できる構成になっているわ。ただ、財務関係の報告書類は公益認定の要件となっている財務基準を理解していないとハードルが高いかもね。

【定期提出書類の内容】

提出書（かがみ文書）

別紙1：運営組織及び事業活動の状況の概要及び
これらに関する数値のうち重要なものを記載した書類

別紙2：法人の基本情報及び組織について

別紙3：法人の事業について

別紙4：法人の財務に関する
公益認定の基準に係る書類について

別紙5：その他の添付書類について

別紙5：その他の添付書類について

参考資料

内閣府公益認定等委員会のHPで昨年度の定期提出書類の内容を確認しました。内容は、別紙1～別紙5まであって、別紙4が財務関連で、それ以外が法人の運営関連ですね。別紙4が難しそう……。

はじめ君

あおい課長

財務基準の内容が分からないと報告内容も理解できないわね。財務基準は①収支相償、②公益目的事業比率、③遊休財産額の保有制限の3つに分かれているの。

どれも聞いたことがないものばかりです……。

はじめ君

あおい課長

①収支相償は、公益目的事業に係る収入が適正な費用を超えないと見込まれることが要件になっているの。

収入が費用を超えないことが要件ということは、利益を出してはいけないのですか？

はじめ君

あおい課長

利益を出してはいけないと捉えるのは誤った認識になるわね。収支相償は単年度で必ず収支が均衡することまで求めていないの。仮にある事業年度において収入が費用を上回る場合であっても、一定の要件の下で中長期的には収支が均衡することが確認されれば、収支相償の基準は充たすことになっているからね。

公益目的事業に係る収入を中長期的に公益目的事業で使うのであれば運営上の負担は少ないですね。

はじめ君

あおい課長

収支相償は厳しいイメージが先行しているけれども、中長期での運用を許容しているので実務上のネックにはなっていないと思うよ。

当協会の運営において、収支相償の基準は容易にクリアできているのですか？

はじめ君

あおい課長

当協会は、補助事業がメインであるために大きな問題ではないの。補助事業は、精算検査で精算されることから一般正味財産が増えることはないし、自主事業でも多額の剰余金が生じることのないスキームになっているので安心ね。

はじめ君

仮に自主事業で収入が費用を上回った場合には、どのような対応が考えられるのですか？

あおい課長

制度的には、①特定費用準備資金の積み立て、②公益目的保有財産に係る資産取得資金の組み入れ、③公益目的保有財産の取得、④翌事業年度における剰余金の解消などが考えられるの。当協会では、翌事業年度に剰余金の解消ができるので問題ないわね。

はじめ君

改めて昨年度の定期提出書類の別表Ａと正味財産増減計算書内訳表を比較してみると、一般正味財産の部のみで計算していて、指定正味財産の部は考慮していないですね。

あおい課長

いい着眼点ね。指定正味財産の部を考慮しないことによって、基本的には使途の特定された寄附金や補助金によって生じた剰余金は収支相償と関係なくなるのよ。

はじめ君

当協会としては助かりますね！

あおい課長

> 2つ目の基準である公益目的事業比率の規定では、活動全体における公益目的事業活動の割合が50%以上であることが求められているの。具体的な計算としては、公益目的事業の実施に係る費用（事業費）が法人全体での費用額に占める割合の50%以上になることが要件となるのよ。

【公益法人の収支相償】

- ●公益法人が利益を内部に溜めずに、公益目的事業に充てるべき財源を最大限活用して、無償・格安でサービスを提供し、受益者を広げようとするものです。
- ●公益法人が受けている税制優遇の重要な基礎となっています。

収支相償の例

(注) 収支相償の判断は、事業単位（第一段階）と全体（第二段階）の2つが必要（事業がひとつの場合は第二段階からの判定）。下記は第二段階で判断する場合の例示です。

【収益＜費用の場合】

収支相償を満たしている。

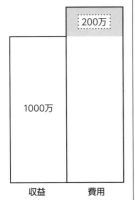

200万

1000万

収益　費用
[公益目的事業会計]

【収益＞費用の場合】

このままでは収支相償を満たしていない。

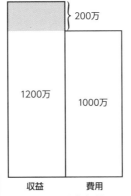

}200万

1200万　1000万

収益　費用
[公益目的事業会計]

各事業年度の計算書類等に基づいて、収支の均衡を判定しますが、左記の場合であっても、以下の対応策により**中長期的に収支が均衡することが確認されれば、収支相償を満たすものとされます。必ず翌年度までに無理に費消しなければならないというものではありません。**
解消計画をじっくり検討していただき、翌々年度に解消することも可能です。

【対応例】
- **特定費用準備資金の積立**
  ex.将来の公益目的事業の拡大
- **資産取得資金の積立**
  ex.公益目的に使用する建物の修繕積立金
- **当期の公益目的保有財産の取得**
  ex.公益目的に使用する什器備品（例:医療機器）の購入　　等

出典：内閣府「収支相償について」

85

当協会では、収益事業等会計がないので、基本的には公益目的事業比率が問題になることはありませんね。

はじめ君

あおい課長

3つ目の基準である遊休財産の保有制限は、公益法人の各事業年度の末日における遊休財産が、その年度における公益目的事業の実施に係る費用（事業費）を超えてはならないという制限なの。

この規定は、遊休財産がなにかわからないと理解できないですね。どのような財産が遊休財産になるのですか？

はじめ君

あおい課長

実は、遊休財産については積極的な定義付けがされていないの。遊休財産に該当しない財産が列挙されていて、それら以外の財産が遊休財産になるのよ。

遊休財産に該当しない財産とはどのようなものですか？

はじめ君

あおい課長

遊休財産に該当しない財産は、控除対象財産と整理されているの。法律上6つの財産が列挙されていて、1号財産、2号財産、3号財産、4号財産、5号財産、6号財産と呼ばれているわ。

聞いただけではなんだか分かりませんね……。

はじめ君

あおい課長

確かに法律上の定め方だけ聞いても分かりづらいわよね。実務的に遊休財産は、貸借対照表の資産のうちで流動資産と使途の制限のない固定資産と捉えていいわ。

法律上の定義なんて知らなくても定期提出書類が作成できればいいのですよね?

はじめ君

あおい課長

定期提出書類を作成するときには、控除対象財産の種類別に開示する必要があるので、遊休財産の考え方を知らないでは済まされないのよ。

なるほど。では定期提出書類の作成は、法律上の定め方なども最低限知らないと務まらないのですね。しかし、どこから手を付けたらいいのか、見当がつきませんね……。

はじめ君

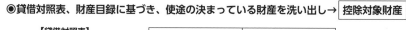

【控除対象財産】

◉貸借対照表、財産目録に基づき、使途の決まっている財産を洗い出し→ 控除対象財産

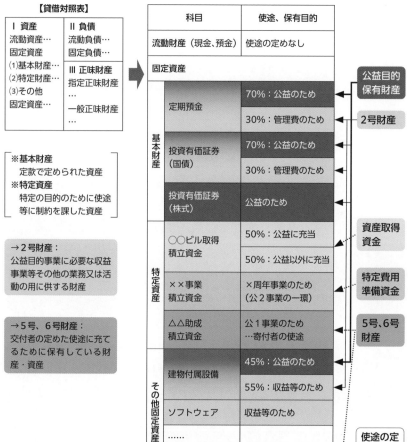

出典：内閣府「新公益法人制度 新制度のポイント」

あおい課長

まずは正味財産増減計算書内訳表を作成するとき
に共通経費を按分したと思うけど、その按分内容
を開示する別表F「各事業に関連する費用額の配賦
について」から取り掛かるのがおすすめだよ。

図を見る限り、とりあえず別表Fは埋められそうで
す。

はじめ君

あおい課長

定期提出書類の作成順序は決まっているわけでは
ないけれども、別表Fのあとは、別表C「遊休財産
額について」、別表B「公益目的事業比率について」、
別表A「収支相償について」の順番がやりやすいわ。

では、昨年度の内容をなぞりながら定期提出書類
に取り掛かります！

はじめ君

たから事務局長

POINT

　事務局の仕事の中でも、定期提出書類の作成はハードルが高
いよ。特に財務基準は難解で、提出した後も補正の連絡が来る
のではと不安になってしまうね。焦らず落ち着いて対応しよう。

【公益財務計算の流れ】

公益財務計算には次の3種類があり、それぞれ個票を作成します。

収支相償の計算　➡　別表A

❶ 公益目的事業比率　➡　別表B

遊休財産額保有制限の判定　➡　別表C

全体の構成と計算の流れは、下図の通りです。

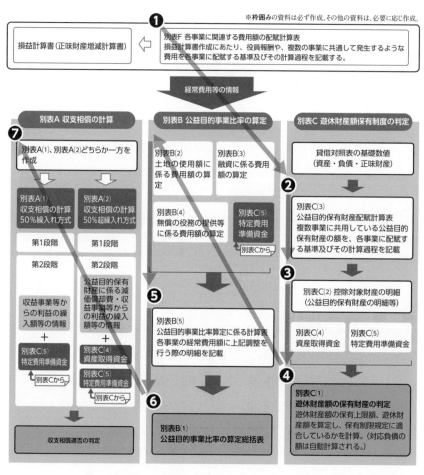

※枠囲みの資料は必ず作成。その他の資料は、必要に応じ作成。

出典：内閣府「定期提出書類の手引き公益法人編」を参考に編集部作成

７月の運営

第**4**章
①

労働保険の年度更新
（労務）

4月
5月
6月
7月
8月
9月
10月
11月
12月
1月
2月
3月

あおい課長

年間行事のメインイベントである決算が終わって、一息つきたいところだけど、社会保険関係の手続の期限が迫っているので、もうひと踏ん張りしましょうね。

入社時に雇用保険の加入手続と健康保険・厚生年金の加入手続をしました。これらの更新手続のようなものですか？

はじめ君

あおい課長

更新手続ともいえるわね。税務申告みたいに年に１回手続が必要なのよ。まずは手続が簡単な労働保険の年度更新から進めてみましょうか。提出期限は7月10日よ。

労働保険？雇用保険の手続はしましたが、労働保険という手続は行っていないような……。

はじめ君

あおい課長

労働保険とは、「労働者災害補償保険（いわゆる労災保険）」と「雇用保険」を総称したものなの。

労災保険に加入した記憶はありませんが……。私は、労災保険に未加入なのですか？

はじめ君

あおい課長

労災保険は、適用事業所に属する人が強制適用となるので、被保険者を個別に管理する必要がないのでしょうね。当然、当協会も適用事業所なので、私たちも労災事故があったら労災保険が適用されるわよ。

加入手続をしなくても自動的に加入しているのですね。個別に加入手続をしないにも関わらず、被保険者が保険料を負担するとなると変な感じですね。

はじめ君

あおい課長

労災保険の保険料は、事業主が全額負担するので、被保険者は保険料を負担していないのよ。給与明細の控除欄に記載されているのは労働保険料ではなく、雇用保険料の被保険者負担分であって、労災保険に被保険者負担分はないの。

では、事業主はなにに基づいて保険料を納付しているのですか？

はじめ君

あおい課長

労災保険は、保険年度といわれる4月1日から翌年3月31日までの期間における賃金総額をベースに保険料を計算することになっているの。

賃金ですか？源泉所得税の課税対象である給与とは違うのですか？

はじめ君

あおい課長

基本的には所得税法における給与等の範囲と同じようなイメージでいいけど、所得税法上の非課税となる通勤手当も賃金の範囲には含まれることには注意が必要ね。

当協会では、半年分の定期代を3月と9月に支給していたと思います。2024年3月に支払った定期代は、2024年4月から9月までの期間に対すると思いますが、月割り計算する必要があるのですか？

はじめ君

あおい課長

通勤定期券については、原則としては定期券の支給があった月にその金額が支払われたものとして処理するの。けど、便宜上数か月をまとめて支給した場合には、支給された定期券の券面金額の全額をその月数で除して得た額がその月ごとに支払われたものとして取り扱うことになっているのよ。

そうすると、3月と9月の賃金台帳に記載される定期代は、他の月に按分することになるのですね。ただ、1月あたりの定期代がわかれば、処理自体は難しくないような気がします。

はじめ君

あおい課長

労働保険の年度更新では、前年度の保険料を精算するための確定保険料の申告と新年度の概算保険料を納付するための申告を同時に行うのよ。この概算と確定の関係を理解するのがちょっと難しいかもね。

確定保険料の申告と概算保険料の申告とはなんですか？

はじめ君

あおい課長

確定保険料の申告は、その年度中の賃金総額の見込額に基づいて行われた概算保険料の申告額が、実際に支給された賃金総額に基づいて計算した保険料との差異を精算する行為なの。

その年度中の賃金総額の見込額は事業年度前に作成した収支予算書ベースになるのですか？

はじめ君

あおい課長

収支予算書とは切り離して考えたほうがいいわね。賃金総額の見込額は、原則として、前年度の賃金総額を用いることになっているの。けど、見込額が前年度と比べて、2倍を超える場合や2分の1を下回る場合は、その見込額を用いることになっているのよ。当協会では、基本的に大幅な増減がないので、前年度の実績をそのまま新年度の見込み額として申告しているわ。

なんか混乱してきました……。

はじめ君

【労働保険の申告のイメージ】

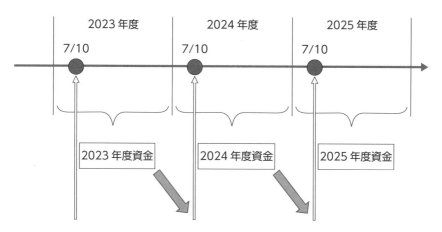

あおい課長

2024年度の概算申告は、2023年度の賃金総額に基づいて計算するの。2024年度の確定申告は、2024年度の賃金総額で計算することになるのよ。前年度の実績で概算申告を行って、今年度の実績で確定申告を行うことで概算申告の精算をするのね。

はじめ君

労災保険は概算申告があることによって、先払いの制度になっているのですね。労働保険には、労災保険と雇用保険があったと思います。雇用保険の申告も労災保険と同じように概算申告と確定申告を行うのですか？

あおい課長

いい着眼点ね！労災保険と雇用保険を労働保険として総称しているのは、保険としての制度は異なる法律だけれども、申告や納付などの手続は「労働保険の保険料の徴収等に関する法律」という法律でひとまとまりになっていて、申告と納付は同じような仕組みになっているの。だから、労災保険と雇用保険の申告は同時に行えるのよ。

はじめ君

労災保険の保険料は全額事業主負担となっている一方、雇用保険の保険料は被保険者が一部負担していたと思います。雇用保険の被保険者負担分などの申告はどのように行うのですか？

あおい課長

労働保険の年度更新では、事業主が納付する概算保険料と確定保険料を計算して申告する制度なの。雇用保険については、事業主が事業主負担分と被保険者負担分の合計額を納付することになるので、年度更新の手続で事業主負担分と被保険者負担分を分けて計算はしないのよ。

たから事務局長

POINT

　概算保険料申告書を提出した後に、事業規模の拡大などによって、賃金総額の見込額が当初の申告より2倍を超えて増加し、かつ、その賃金総額を基にした概算保険料の額が申告済の概算保険料よりも13万円以上増加する場合は、増加額を増加概算保険料として申告・納付しなければならないよ。概算申告の修正のような位置付けだね。

はじめ君

雇用保険料には事業主負担分と従業員負担分があるのですね。しかし、当協会の会計処理では、労働保険料の納付金額の全額を法定福利費として費用計上しています。雇用保険料の被保険者負担は費用処理してもいいのでしょうか？ 費用が過大になりませんか？

あおい課長

労働保険の概算保険料の支払いは、雇用保険の被保険者負担分の処理について２つの方法があるの（P99参照）。当協会としては、重要性※が乏しいので簡便処理を選んでいるので、保険料の納付時には被保険者負担分を含めて法定福利費としているのよ。

はじめ君

原則処理の場合には、雇用保険の被保険者負担分を立替金として資産計上して、翌年の年度更新で精算するときに残高をゼロにするのですね。確定保険料の申告納付のときに立替金を精算するのが面倒ですね。

あおい課長

簡便処理であれば、立替金勘定の残高を気にする必要がないのがひとつのメリットよ。当協会は、合理的な範囲で、できるだけ手間をかけずに処理を進めたいので、簡便処理が向いているわね。

※重要性の乏しいものについては、本来の厳密な方法によらず、他の簡便な方法によることができる（公益法人会計基準 総則）、という会計上の考え方。

たから事務局長

POINT

　雇用保険料の簡便処理は、中小企業の実務慣行として定着している処理なんだよ。しかし、法人税基本通達9-3-3(労働保険料の損金算入の時期等)では「概算保険料の額のうち、被保険者が負担すべき部分の金額は立替金等とし…」と定めているので、法人税法上の要請としては原則処理になるね。

　簡便処理を採用する場合には、重要性があるかを慎重に判断してほしいな。当協会に関しては、法人税の申告義務がない公益財団法人なので、重要性はないと判断しているよ。

【労働保険料の原則処理と簡便処理】

		原則処理	簡便処理
概算保険料納付	労災保険 (3/1,000)	(借)法定福利費　300,000 　　　／(貸)現　金　　　300,000	(借)法定福利費　300,000 　　　／(貸)現　金　　　300,000
	雇用保険事業主分 (6/1,000)	(借)法定福利費　600,000 　　　／(貸)現　金　　　600,000	(借)法定福利費　600,000 　　　／(貸)現　金　　　600,000
	雇用保険従業員分 (3/1,000)	(借)**立替金**　　**300,000** 　　　／(貸)現　金　　　300,000	(借)**法定福利費**　**300,000** 　　　／(貸)現　金　　　300,000
給与天引き (3/1,00)		(借)給与手当　400,000 　　　／(貸)現　金　　329,263 　　　／(貸)社保預り金　57,687 　　　／(貸)源泉預り金　11,850 　　　／(貸)**立替金**　　**1,200**	(借)給与手当　400,000 　　　／(貸)現　金　　329,263 　　　／(貸)社保預り金　57,687 　　　／(貸)源泉預り金　11,850 　　　／(貸)**法定福利費**　**1,200**
確定保険料精算	不足	(借)**立替金**　×××／(貸)現　金　×××	(借)**法定福利費**　×××／(貸)現　金　×××
	過大	(借)現　金　×××／(貸)**立替金**　×××	(借)現　金　×××／(貸)**法定福利費**　×××

７月の運営

社会保険の定時決定
（労務）

あおい課長

> 労働保険の年度更新が終わったら、次は健康保険と厚生年金（以下、社会保険という）の定時決定よ。

はじめ君

> 労働保険では、被保険者ごとの管理は行われませんでした。社会保険については被保険者ごとに管理されているので、それぞれ手続が必要になるのですか？

あおい課長

> 社会保険は、被保険者ごとの標準報酬月額をベースに月々の保険料を算定しているの。この標準報酬月額は実際に支給される額とは必ずしも一致しないのよ。

はじめ君

> 実際に支給される報酬ベースではないのですか？

あおい課長

被保険者の報酬の月額を等級区分に当てはめて、標準報酬月額というものを決めているの。健康保険は50等級に分かれていて、厚生年金は32等級に分かれているみたいね。例えば、報酬の額が635,000円以上665,000円未満であれば、標準報酬月額は650,000円になって、健康保険は35等級、厚生年金は32等級となるのよ。

標準報酬月額の各等級区分に上限と下限の幅があるので、標準報酬月額と実際の報酬に差異が生じるのですね。

はじめ君

あおい課長

この等級区分は、固定賃金が変更になって、2等級以上の変更があったときに、随時改定を行って等級の見直しが行われるけれども、随時改定の要件を満たさないと標準報酬月額は次の定時決定まで変更されないのよ。

たから事務局長

POINT

随時改定の要件として、固定的賃金の変動があるよ。固定的賃金の変動がない場合、非固定的賃金のみがいくら変動しても随時改定は不要なんだ。例えば、非固定的賃金である残業代が増えただけであれば随時改定は不要となるなど、固定的賃金と非固定的賃金の区分はとても重要だよ。

【月額変更届の提出条件】

「月額変更届」による随時改定は、
次の3つの条件を全て満たしたときに行います※1。

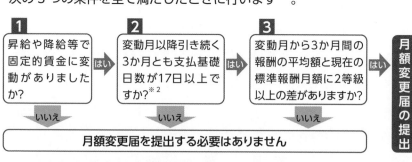

```
1                          2                          3
昇給や降給等で          変動月以降引き続く        変動月から3か月間の     月
固定的賃金に変  はい    3か月とも支払基礎  はい   報酬の平均額と現在の  はい 額
動がありました ───→   日数が17日以上で  ───→  標準報酬月額に2等級  ───→ 変
か？                   すか？※2                   以上の差がありますか？      更
                                                                              届
   │いいえ                 │いいえ                    │いいえ                の
   ↓                       ↓                          ↓                     提
                                                                              出
        月額変更届を提出する必要はありません
```

※1 随時改定に該当すれば、固定的賃金が変動し、その報酬を支払った月から数えて4か月目に新たな標準報酬月額が適用されます。

※2 特定適用事業所における「短時間労働者」の場合は支払基礎日数11日以上で読み替えてください。

【固定的賃金と非固定的賃金】

固定的賃金

支給額・支給率が決まっているもの
基本給（月給、週給、日給）、
家族手当、通勤手当、住宅手当、
役付手当、勤務地手当など

変動があった場合とは
・昇給（ベースアップ）、
　降給（ベースダウン）
・給与体系の変更（日給から月給への変更等）
・日給や時間給の基礎単価（日当・単価）の変更
・請負給、歩合給等の単価、歩合率の変更
・住宅手当等の固定的な手当の追加・支給額の変更

非固定的賃金

残業手当、能率手当、日直手当、
休日勤務手当、精勤手当など

非固定的賃金の
変動のみでは随時改定は
行いません

出典：日本年金機構「算定基礎届の記入・提出ガイドブック」

随時改定には要件があって、その要件を満たさないと変更されないのですね。随時改定が行われるまで、標準報酬月額の見直しが行われないと標準報酬月額と実際の報酬との乖離が大きくなる可能性があるので、定時決定として年に1回、標準報酬月額の再計算をしているというわけですね。

はじめ君

あおい課長

定時改定は、社会保険においては、被保険者全員に関わる年に1度のイベントなのよね。4月、5月、6月の報酬の平均額をベースに標準報酬月額を決めるので、4月から翌年3月までの保険年度の賃金で集計する労働保険とは期間が違うのよ。

前職で4月、5月、6月には、残業したくないという声がありました。これは、残業代で標準報酬月額が上がってしまうからなのですか？

はじめ君

あおい課長

定時決定は、7月1日現在で使用される全被保険者について、同日前3か月間に受けた報酬の総額をその期間の総月数で除して得た額を報酬月額として標準報酬月額を決定するのよ。定時改定では、残業代も含めて集計して標準報酬月額を決めるので、残業代を調整したくなるという意見もわかるわ。

当協会の事務局で４月、５月、６月に残業をしないのは無理に近いですね……。

はじめ君

あおい課長

確かに。ちなみに最近は手作業で行っていた業務がソフトウエアの利用によって、人の手を介さずに処理されることで効率的になってきているのよ。社会保険の定時決定も給与計算ソフトが自動で計算してくれる部分が多いので、とても便利ね。

算定基礎届を給与計算ソフトで自動計算したところ、何人かについて、算定基礎届の報酬月額欄に金額が入力されていませんでした。

はじめ君

あおい課長

この人たちは、４月の昇給時期に固定賃金のベースアップがあったので、随時改定が必要だったわね。

４月の昇給で固定的賃金に変動があって、４月からの３カ月間に支給された報酬（残業手当等の非固定的賃金を含む）の平均月額に該当する標準報酬月額とこれまでの標準報酬月額との間に２等級以上の差が生じたのですね。

はじめ君

あおい課長

定時決定と随時改定の両方の適用があるときには、随時改定が優先されるのよ。

定時決定よりも随時改定が優先されるのですか。給与計算ソフトは随時改定の必要性もチェックしてくれるので助かりますね！

はじめ君

あおい課長

7月、8月、9月に随時改定をする者については、算定基礎届の報酬月額欄を空欄にして、備考欄「3. 月額変更予定」を○で囲むことになっているのよ。ソフトによっては、随時改定に必要な月額変更届も出力できるわよ。

使い方によってはとても役立ちそうですね！

はじめ君

あおい課長

当協会では、事務局の業務範囲が広いので、会計・税務・労務・機関運営などの制度を細かく理解することは難しいのよ。今回のように、ソフトウエアに助けられることも少なくないわ。けど、本質的な理解が必要なときには、自ら調べたり、研修会に参加したりして理解を深めないとね！

【報酬月額の算出方法】

4月	報酬
5月	報酬
6月	報酬

$$\frac{報酬総額（4月+5月+6月）}{3}=報酬月額$$

出典：日本年金機構「標準報酬月額の決定方法」

7月の運営

損益計算書等の提出（会計・税務）

第**4**章 ③

あおい課長

当協会は、法人税の申告義務がないので、税務署への申告納付は消費税のみだけれども正味財産増減計算書の提出義務があるのよ。

なんの目的で決算書を提出するのですか？

はじめ君

あおい課長

法人税法上の収益事業を行っていない公益法人等は法人税の申告義務がないの。税務署は、法人税法上の収益事業を行っていない公益法人等の実態を把握できないので、情報収集のために決算書を提出する義務を課しているの。

情報収集のためだけに……。

はじめ君

あおい課長
　公益法人等の活動実態を把握して、収益事業課税の適正化を図る観点から、収益事業を営んでいない公益法人等であっても損益計算書（正味財産増減計算書）又は収支計算書を所轄税務署長に提出しなければならないのよ。

そうすると、法人税法上の収益事業を行っていない小規模な社団法人なども、税務署へ情報提供のために損益計算書等を提出するのですか？管理されているみたいですね。

はじめ君

あおい課長
　ちなみに、年間の収入が8,000万円以下の公益法人等は損益計算書等の提出が免除されることになっているわ。

たから事務局長

POINT

　法人税の申告義務がない公益法人等は、年間の収入金額の合計額が8,000万円以下の場合を除き、原則として事業年度終了の日の翌日から4月以内に、その事業年度の損益計算書又は収支計算書を税務署長に提出する必要があるよ。これは、納税を伴うものではないので、仮に提出を忘れても罰金のようなものはないんだ。だけど、租税特別措置法で義務と定められているので、忘れないように気をつけよう。

８月の運営

招集通知の電子化
（機関運営）

あおい課長

> ６月の評議員会で、評議員からペーパレス化についての質問があったの覚えてる？

はじめ君

> 当協会での紙の消費量について質問からはじまって、環境問題へ話題が広がってしまい、最後は選挙公約の演説みたいになっていましたね……。

あおい課長

> 事務局長は、当協会のペーパレス化が遅れていることを気にしているようなの。

はじめ君

> 確かに、当協会の事務局は紙だらけですよね。ですが、事務処理をする部署にとっては紙だらけの環境は仕方がないような気もします。

あおい課長

> 私も仕方ないと思うけれど、紙を多用することで紙の購入コスト、資料の保管コスト、複合機の印刷コストなどがかかっているのは間違いないわ。

無駄かもしれませんが、紙を使用することでチェックが容易にできるので、ミスの削減につながっていると思います。
はじめ君

あおい課長
確かに、紙の資料を使用することで機能的に優れている点も多々あると思うの。けど、紙を使用しなくてもいいケースも多いので、紙の削減を意識して事務局の業務を見直すべきではないかしら。

将来的に紙を使うことをやめてしまうのですか？
はじめ君

あおい課長
いきなり紙を使わないことにすると、業務が停滞してしまうので、現実的ではないでしょうね。まず、紙である必要性がないものをデータへ移行するところからかな。

そういえば、ペーパレス推進派の評議員が、招集通知や添付資料をデータで欲しいと言っていましたね。
はじめ君

あおい課長
確かに、印刷物で郵送されてくると保管場所が必要になるし、持ち運びも面倒だよね。

招集通知や添付資料をPDF化して、電子メールに添付すればいいのですよね。事務局も、郵便物の手配や送付作業がなくなるので効率的ですね。

でも、招集通知をPDFなどのデータで送信しても問題ないのかしら……。

ペーパレス化について話し合っているみたいだね。理事会の招集通知は、その通知の方法や内容について法律上の制限がないので、電子メールなどを利用することは全く問題ないよ。

あ、事務局長お疲れさまです。ちなみに、評議員会の招集通知についてはいかがでしょうか？

評議員会の招集通知については、あらかじめ各評議員から承諾を得ていれば、電磁的方法（PDF等のデータで電子メール送信等）で行えるよ。理事会と違って、承諾が必要なのは注意が必要だね。

なるほど……。承諾が得られなかった評議員には、メールで招集通知はできないのですね。

あおい課長

制度上は承諾がない場合には書面になるわね。けれど当協会の評議員は、きっと全員が承諾してくれると思うわ。

理事の方々も紙で送られてくるよりもメールの方が管理しやすいと思うので、次回の理事会から招集通知はメールで送ることにしませんか？

はじめ君

あおい課長

いきなりメールだけにするのは良くないので、次回は併用してみましょうか。理事や監事の反応を見てから、本格的に電子化へ移行すればいいと思うわ！

たから事務局長

招集通知は、日時や場所を伝えるために送るだけではなく、出席を確認するための回答書もセットになっていたね。回答書は、出席又は欠席のいずれかに〇を記載することになっているんだけど、これもメールで戻してもらえると助かるよね。

PDFデータに文字や図形を追加で入力することができる編集ソフトがあれば、PDFデータに直接〇を入力してもらうことはできますよ。

はじめ君

あおい課長

それは理事、監事、評議員の方々に負担になる可能性があるわね。回答書については、いったん印刷してもらって、〇を記載した書面をスキャナで読み込んでもらうのがいいんじゃないかしら。

たから事務局長

事務所ならスキャナがあると思うけれども、すべての人がスキャナを持っているとは限らないよね。

スキャンしたPDFに限らず、スマホのカメラで撮った画像でもいいのではありませんか？

はじめ君

あおい課長

画像でも問題はないはずよ。回答者は出欠の確認が目的なので、メールの本文で分かるようにすればいいと思う。

いずれにせよ、返信封筒が不要になるだけでも大きな改革になりますね！

はじめ君

たから事務局長

POINT

招集通知をメールなどの電磁的方法で行う場合には、就任時に電磁的方法によって招集通知を行うことの承諾を事前に得て、受信用のメールアドレスを教えてもらうようにするとスムーズかもしれないね。

８月の運営

備置書類の整理
（機関運営）

はじめ君

事務局はいつも書類が山積みだし、やはり多くの書類を保管する義務があるんですか？

あおい課長

法律上の要請で備え置く書類は次ページの表のとおりよ。

はじめ君

11種類に分かれていますが、思ったより少ないですね。

あおい課長

法人法や認定法の要請で備え置いている書類は、種類は決して多いわけではないのよ。ボリュームがあるのは、会計帳簿くらいかな。

はじめ君

表には、閲覧等請求権者という欄がありますね。行政が行う立入検査以外で閲覧等の請求に応じる必要があるのですか？

【公益財団法人の備置書類一覧】

	書類名	閲覧等請求権者	備置期間	備考
1	定款	すべての者	常備	
2	理事会議事録 理事会の決議省略の同意書	評議員 債権者	理事会のあった日から10年間	
3	評議員会議事録 評議員会の決議省略の同意書 評議員会への報告省略の同意書	評議員 債権者	評議員会のあった日から10年間	
4	会計帳簿	評議員	会計帳簿閉鎖時から10年間	
5	計算書類等	すべての者	定時評議員会の2週間前の日から5年間	従たる事務所では3年間の備置
6	①事業計画書 ②収支予算書 ③資金調達及び設備投資の見込を記載した書類	すべての者	当該事業年度の末日まで	
7	①財産目録 ②役員等名簿 ③役員等の報酬支給基準 ④キャッシュ・フロー計算書 ⑤運営組織及び事業活動の状況及び関係する重要数値記載書類	すべての者	5年間	従たる事務所では3年間の備置 ④は作成した場合のみ
8	特定費用準備資金の取崩についての定め、特定費用準備資金の積立限度額及び算定根拠	すべての者	該当する資金、財産を有しなくなった事業年度経過後5年間	従たる事務所では3年間の備置
9	特定の財産の取得又は改良に充てるために保有する資金の明細書	すべての者	該当する資金、財産を有しなくなった事業年度経過後5年間	従たる事務所では3年間の備置
10	寄附金等による財産で交付した者の定めた使途に従って使用し、又は保有しているものの明細	すべての者	該当する資金、財産を有しなくなった事業年度経過後5年間	従たる事務所では3年間の備置
11	寄附金等による財産で、交付した者の定めた使途に充てるために保有している資金の明細書	すべての者	該当する資金、財産を有しなくなった事業年度経過後5年間	従たる事務所では3年間の備置

※計算書類とは、貸借対照表及びその附属明細書、正味財産増減計算書及びその附属明細書、事業報告及びその附属明細書、監事の監査報告、会計監査報告（会計監査人設置法人のみ）です。

出典：全国公益法人協会　2019年8月号、茂木高次【社団・財団法人のためのネットを駆使したスマート法人運営】第14回：書類の備置き・保存・閲覧等 Part1」を参考に編集部作成

あおい課長

これらの書類を備え置く目的は、立入検査等に対応するだけではなく、閲覧等請求権を有する者からの閲覧等の請求に応じるためでもあるのよ。

当協会で、閲覧等を請求されたことはあるのですか？

はじめ君

あおい課長

私の知っている限りでは、監査等を除くと一度もないわ。

ということはとりあえず形式的に制度を守っている、ということですか？

はじめ君

あおい課長

実際に閲覧等を請求されたか否かではなく、請求されたときに、閲覧等のできる状態にあることが重要なのよ。

公益認定を受けているので閲覧等の請求に応じる義務があるのですか？

はじめ君

公益認定を受けていない一般法人も、公益法人と比較すると閲覧等請求権者の範囲が狭くて、開示する書類の種類が少なくなるけれども閲覧請求に応じる義務はあるわよ。

公益認定を受けた法人は、公益活動の担い手として社会的信用を付与された法人なのよ。だから公益認定された法人の信頼性を確保する仕組みとして、一般法人よりも厳しい情報開示義務が課せられているみたいね。

文字どおり公の法人ということですね！当協会も他の法人のお手本となるよう、しっかりと義務を果たしていかないといけませんね。

POINT

　表で示した備置書類一覧は、公益財団法人を前提としているので、一般社団法人等であればNo.8～11は法律上の備置義務はないんだ。公益財団法人でも、No.8～11は、該当する資金や財産を有していなければ、備え置く必要がないよ。それぞれの法人で確認してみてね。

8月の運営

備置書類のデータ保存
（機関運営）

はじめ君

現在は紙で保存している備置書類を、今後はデータで保存するのですよね？

あおい課長

紙での保存をデータでの保存に代えることは、作業効率も上がるし、保存場所も不要になるので、いいことしかないように思えるわね。しかし、保存するデータの形式などに関して法律的な制限はないのかしら？

はじめ君

データ保存の解説書などでは、データを電磁的記録といっていますね。電磁的記録ってなんでしょうか？

たから事務局長

確かに電磁的記録という表現は、口語表現ではないので、違和感を覚えるのは仕方ないね。法律の表現はイメージが湧きにくいけれども、普段の業務で登場する電子データと捉えて大きな問題はないよ。

あおい課長

単なる電子データとして一括りにしていいんでしょうか？ 電子データは、ワードファイルをPDFにしたものから、紙の書類を画像にしたものまであるんですが……。

たから事務局長

いい着眼点だね。電磁的記録とは、電子データ化した記録で、電子文書と電子化文書の両方を含むよ。

なんか、余計わかりづらくなりました……。

はじめ君

たから事務局長

電子文書とは、エクセルやワードなどで作成した文書なので、紙を介在していない電子データといえるね。一方で、電子化文書とは、紙媒体をスキャンすることで電子データ化したものなので、いったん紙で作成又は受領したものをデータにしたものと捉えることができるよ。

あおい課長

そうすると、電子文書か電子化文書のいずれであってもデータ保存が可能なのですね。

これまでは紙で保存していたものをスキャナで電子化文書にすれば、データでの保存が可能になるのですね！

はじめ君

あおい課長

ちょっと待って！ 議事録などの署名又は記名押印がある書面を電子化文書にしても問題ないの？ サインや押印が重要だとすると電子化文書の保存では要件を満たさない可能性があるかもしれないわ。

署名又は記名押印がある書面の代表的なものは議事録ですよね。当協会では、理事会と評議員会の開催のたびに議事録を作成しています。

はじめ君

たから事務局長

POINT

電子的記録については、法人法第10条第2項で下記のように定義しているよ。

> 電磁的記録（電子的方式、磁気的方式その他人の知覚によっては認識することができない方式で作られる記録であって、電子計算機による情報処理の用に供されるものとして法務省令で定めるものをいう。）

さらに、法人法施行規則第89条で細かく定められているよ。

法第10条第2項（法第152条第3項において準用する場合を含む。）に規定する法務省令で定めるものは、電子計算機に備えられたファイル又は電磁的記録媒体（電子的方式、磁気的方式その他人の知覚によっては認識することができない方式で作られる記録であって電子計算機による情報処理の用に供されるものに係る記録媒体をいう。第94条を除き、以下この節において同じ。）をもって調製するファイルに情報を記録したものとする。

あおい課長

理事会の議事録には、定款の定めに基づいて理事会に出席した代表理事と監事が署名するか又は記名押印しているわね。

たから事務局長

理事会の議事録を電磁的記録で作成する場合には、署名又は記名押印に代わる措置をとらなければならないとされているよ。

署名又は記名押印に代わる措置は、どんなものですか？

はじめ君

たから事務局長

電子署名だね。

あおい課長

なんか聞いたことはあるんですが、あまりイメージが浮かびませんね……。

たから事務局長

当協会でも議事録を電磁的記録での保存を検討したことがあったけれども、電子署名のハードルが高くて断念したことがあったんだ。

けど、紙の議事録に署名又は記名押印してもらってから、スキャナで電子化文書にすれば、署名又は記名押印が付された電磁的記録になりますよね？

はじめ君

たから事務局長

このあたりの解釈は難しいんだけれども、法律で「理事会の議事録を電磁的記録で作成する場合には、電子署名が必要」と規定されているので、電子署名は必須と捉えるべきではないかな。

あおい課長

理事会の議事録は、法律上の要請から署名又は記名押印が求められるから、電磁的記録とした場合に電子署名が求められるのは理解できました。
ですが、評議員会の議事録については性質が少々異なるのではないのですか？

たから事務局長

確かに、評議員会の議事録については、法律上の要請から署名又は記名押印は特に求められてはいないね。

理事会の議事録と評議員会の議事録で、取り扱いが違うということですか？

はじめ君

あおい課長

評議員会の議事録は、評議員会の記録・証拠にすぎず、理事会の議事録のように出席理事等の署名又は記名押印から生ずる特別の法的効果はないことから、議事録への記名押印は、特に必要ないのよ。

では、評議員会の議事録については、法律上の要請から署名又は記名押印が求められてはいないので、スキャナで電子化文書にしても電子署名は不要ということになりますか？

はじめ君

あおい課長

当協会の評議員会議事録は、定款にしたがって議事録署名人が署名又は記名押印をすることになっているわ。

定款でも、「電磁的記録で作成する場合には、電子署名が必要」としているのですか？

はじめ君

たから事務局長 電子署名の必要性は定めていないよ。議事録を電磁的記録として保存することは想定していなかったからね。

あおい課長 定款では議事録署名人の署名又は記名押印が必要ですが、電磁的記録を作成した際の電子署名については特に問われていないのですね。

たから事務局長 当協会としては、法令及び定款に関わらず、評議員会の議事録を電磁的記録のみで保存するのであれば電子署名を付すつもりだよ。

９月の運営

第6章 ①

電子帳簿等保存
（会計・税務）

はじめ君

先日、紙の書類を減らすテーマで話し合いましたが、あらためて見渡すと、本当に、紙で溢れていますよね……。

あおい課長

私は、もう何年もこの環境にいるから、すっかり馴れてしまっているわ……。この分厚いファイルに囲まれている状況を変えるにはまず、経理まわりの電子化が必須だと思う。

はじめ君

いったい、何が場所をとっているのでしょうね？

あおい課長

例えば、当協会では会計帳簿は10年間の備え置きと定められていて、この会計帳簿は、それなりのボリュームがある書類なのよ。

はじめ君

いわゆる振替伝票や総勘定元帳などですよね。

あおい課長

会計帳簿は、請求書や領収書、銀行取引明細など がベースとなって作成されるから、参照された書類も保存する必要があるのよ。だから振替伝票や総勘定元帳に関連する書類をまとめると膨大な書類になるの……。

振替伝票や総勘定元帳などの会計ソフトから出力されるものよりも、その元データである請求書や領収書、銀行取引明細などが多いのですね。確かに、伝票綴りのファイルは、伝票1枚に対して、膨大な見積書や仕様書が付いていることが少なくないですよね……。

はじめ君

あおい課長

そういえば、電子帳簿保存法が改正になって、令和4年1月からは会計関係の帳簿書類を電磁的記録で保存しやすくなったと聞いたことがあるわ。

たから事務局長

ちょうど、電子帳簿保存法の研修会に参加してきたところだから、当協会に当てはめてみよう。電子帳簿保存法は、3つのカテゴリーに分かれていて、①電子帳簿等保存、②スキャナ保存、③電子取引のいずれのテーマに該当するかを整理しないといけないんだ。

はじめ君

振替伝票や総勘定元帳は、どのカテゴリーに該当しますか？

あおい課長

振替伝票や総勘定元帳は①電子帳簿等保存ではないかしら。

たから事務局長

振替伝票や総勘定元帳は、税務上は国税関係帳簿と位置付けられるみたいなんだ。いわゆる帳簿なので、現金出納帳、固定資産台帳なども含まれるよ。国税関係帳簿を電磁的記録で保存するには、「電子帳簿等保存」の要件を満たす必要があるよ。

はじめ君

振替伝票も帳簿の一部ですか？

たから事務局長

このあたりは判断が難しいけれども、振替伝票が国税関係帳簿の記載内容を補充する目的で作成・保存され、その伝票が国税関係帳簿の一部（補助簿）を構成する場合には、その振替伝票も国税関係帳簿と捉えるんだ。

はじめ君

当協会の総勘定元帳は記載情報が少ないので、振替伝票が記載すべき内容を補充していると思います。

あおい課長

当協会の国税関係帳簿は、会計ソフトや資産管理ソフトから出力されるデータと捉えていいみたいね。

振替伝票と一緒に保存している請求書、領収書、見積書などは国税関係帳簿として扱われるのでしょうか？

はじめ君

【国税関係帳簿と国税関係書類の区分】

分類		書類
国税関係帳簿		仕訳帳、総勘定元帳、補助簿、固定資産台帳などその他の帳簿
国税関係書類	決算関係書類	棚卸表、貸借対照表、損益計算書、並びに決算に関して作成されたその他の書類
	取引関係書類	取引に関して、相手方から受け取った又は交付した注文書、契約書、送り状、領収書、見積書その他これらに準ずる書類
電子帳簿保存法の対象外		稟議書、予算関係書類、人事関係書類、議事録

たから事務局長

請求書、領収書、見積書などは国税関係書類と整理されているよ。国税関係書類は、決算関係書類と取引関係書類に分かれていて、名称から分かるように貸借対照表や正味財産増減計算書などの計算書類を決算関係書類、請求書などの取引に関係する書類を取引関係書類として区分しているんだ。

そうなんですね。

はじめ君

あおい課長

国税関係帳簿を電磁的記録で保存するためには、「電子帳簿等保存」の要件を満たす必要があるようですが、請求書や領収書などの国税関係書類を電磁的記録で保存する際も同様ですか？

たから事務局長

「電子帳簿等保存」は、国税関係帳簿と国税関係書類のうちで、自己が最初の記録段階から一貫して電子計算機を使用して作成するものが対象となるので、その場合は同じ規定を適用することになるよ。

電子計算機ってなんか難しそうですね。

はじめ君

あおい課長

「自己が最初の記録段階から一貫して電子計算機を使用して作成するもの」というのは、はじめからパソコンで作成したものだよ。

はじめ君

当協会の事務局で作成する書類は、すべて始めからパソコンで作成していますよね。逆に、手書きで振替伝票や総勘定元帳を作成することなんて考えられないですよ。

あおい課長

あれ？振替伝票に記載すべき事項が漏れていたからって、先月の締めのときに手書きで追記していなかった？

はじめ君

電磁的記録での保存になると手書きでの追記ができなくなるのですね。「電子帳簿等保存」を徹底するのであれば、元データの修正が不可欠になるということですか。ちょっと面倒な気もします……。

あおい課長

慣れるまでは面倒かもしれないけれども、ペーパレス化に向けた第一歩を踏み出そうとしているのだから、多少のことは我慢しないとね！

はじめ君

「電子帳簿等保存」を実施するためには、どのような要件を満たす必要があるのですか？

たから事務局長

「電子帳簿等保存」は、要件が厳しくて税務署への届出が必要な「優良」と届出が不要な「優良以外」に分かれているんだ。とりあえず電磁的記録で保存することを目指すのであれば、ハードルが低い「優良以外」がいいと思うよ。

「優良」の場合には、どのようなメリットがあるのですか？

はじめ君

たから事務局長

法人税又は消費税に係る修正申告などがあった場合において、申告漏れに課される過少申告加算税が軽減されるみたいなんだ。通常は10%～15%で課される過少申告加算税の税率が５%軽減されるよ。

過少申告加算税は、罰金的な税金ですよね。当協会が、税務調査で指摘されることなんてあるのですか？

はじめ君

あおい課長

そういえば過去の税務調査で過少申告加算税を支払った記憶があるわね……。

たから事務局長

「優良」と「優良以外」の要件が同じくらいなら、当然として「優良」を選択するけれども、当協会の現状からすると「優良以外」が順当なところじゃないかな。

「優良以外」の要件であれば条件を満たせそうですか？

はじめ君

たから事務局長

「優良以外」には大きく分けると３つの要件があって、①電子計算機処理システムの概要書等の備付け、②見読可能装置の備付け等、③ダウンロードの求めに応じることが求められるんだ。

あおい課長

「電子計算機処理システムの概要書等の備付け」とは、具体的には何を備え付ければいいのでしょうか？

たから事務局長

使用しているシステムのマニュアルなどの関係書類と「電子帳簿等保存」に対応した事務処理規程だよ。

当協会に会計ソフトのマニュアルなんてありましたか？

はじめ君

あおい課長

紙媒体のマニュアルは、導入時の基本料金に含まれていなかったので、経費削減のために購入しなかったのよ……。

たから事務局長

システム関係書類等については、書面以外の方法により備え付けることもできるよ。いわゆるオンラインマニュアルやオンラインヘルプ機能に操作説明書と同等の内容が組み込まれている場合には、それが整然とした形式及び明瞭な状態で画面及び書面に、速やかに出力することができるものであれば、操作説明書が備え付けられているものとして取り扱うようなんだ。

あおい課長

紙媒体のマニュアルに係る経費を削減したことで要件を満たさないなんてのは恥ずかしいので助かりました……。

もうひとつ備え置くとされている事務処理規程とは、どのようなものですか？

はじめ君

たから事務局長

現行の経理規程に、データの訂正削除についての
ルールを盛り込んだような感じだね。国税庁HPに
「国税関係帳簿に係る電子計算機処理に関する事務
手続を明らかにした書類」というものがアップさ
れているので、確認してみるといいよ。

あおい課長

二つ目の要件に「見読可能装置の備付け」という
ものがありました。ディスプレイやプリンタ等に
一定レベルの性能を求めているのですか？

たから事務局長

日常業務で使用していることを前提としているの
で、法令上の要件などは定められていないよ。

3つ目の要件である「ダウンロードの求めに応じる
こと」が、個人的には気になるところですが、当
協会としては隠すようなこともないので問題なし
ですよね。

はじめ君

あおい課長

そうね。ダウンロードしたデータを提供すること
で税務調査が効率的に行えるのであれば大歓迎だ
わ。「電子帳簿等保存」の「優良」ではない「優良
以外」の要件であれば問題ないと思う。

はじめ君

ところで、「優良」になるためには、どのような要件が追加されるのですか？

たから事務局長

「帳簿間での記録事項の相互関連性の確保」という要件があって、当協会のシステムでは、要件を満たすことができないんだよ。

はじめ君

振替伝票と総勘定元帳は相互関連性が確保されていますよ？

たから事務局長

「優良」の要件としては、税法上保存が求められるすべての帳簿について、「優良」の要件を充足する形で保存をする必要があるんだ。残念ながら当協会では、固定資産台帳を別個のシステムで処理しているので、総勘定元帳などとの相互関連性が確保できていないんだよ。

あおい課長

たしかに、システム上での相互関連性はないですね……。

【電磁的記録等による保存等の要件】

要　件	電子保存等（第2条） 優良帳簿（第5条）	優良以外の帳簿	書類
電子計算機処理システムの概要書等の備付け（規2②一）	○	○	○
見読可能装置の備付け等（規2②二）	○	○	○
ダウンロードの求めに応じること（規2②三）	△ ※1	○ ※2	△ ※3
COMの作成過程等に関する書類の備付け（規3①一）			
COMの見読可能装置の備付け等（規3①二）			
電磁的記録の訂正・削除・追加の事実及び内容を確認することができる電子計算機処理システムの使用（規5⑤一イ、二イ）	○		
帳簿間での記録事項の相互関連性の確保（規5⑤一ロ、二イ）	○		
検索機能の確保（規5⑤一ハ、二イ）	△ ※1		
索引簿の備付け（規5⑤二ハ）			
COMへのインデックスの出力（規5⑤一二）			
当初3年間における電磁的記録の並行保存又はCOMの記録事項の検索機能の確保（規5⑤二ホ）			

※1　「ダウンロードの求め」に応じる場合には、検索機能のうち、範囲を指定して条件を設定できる機能及び二以上の任意の記録項目を組み合わせて条件を設定できる機能は不要となる。

※2　優良帳簿の要件を全て満たしている場合には「ダウンロードの求めに応じること」の要件は不要となる。

※3　検索機能の確保に相当する要件を満たしている場合には「ダウンロードの求めに応じること」の要件は不要となる。

出典：国税庁「電子帳簿保存法一問一答【電子計算機を使用して作成する帳簿書類関係】問7」を参考に編集部作成

はじめ君

将来的に、固定資産台帳のデータを会計処理の基幹システムに取り込めたら「優良」の要件を満たしますね。システム変更のときに基幹システムに固定資産データを取り込むように提案しましょう！

たから事務局長

ぜひ提案してみよう！後になって要件不備の指摘を受けないように、あらかじめ専門家にも意見を求めたほうがいいかもね。

スキャナの保存（会計・税務）

はじめ君

ネットの情報などを見てみると、経理の電子化を議論するときには、スキャナ保存という文言をよく目にします。そもそもスキャナ保存とはどういうものなんですか？

あおい課長

私も詳しくはわからないけれども、紙の領収書、契約書などスキャナでPDF化して、原本を廃棄することかしら？

たから事務局長

よくわかっているね。スキャナ保存は、紙の領収書や請求書などの取引関係書類を電磁的記録としてスキャンして、紙の保存に代えて保存することだよ。はじめから電磁的記録で保存されているものについては、そもそもスキャナを介して電磁的記録にする必要がないね。

はじめ君

解説書を見ると「決算関係書類以外の国税関係書類の全部又は一部について…」と説明されていました。つまり計算書類はスキャナ保存の対象から除外されるということですよね？

たから事務局長

「決算関係書類以外の国税関係書類」という表現から、国税関係書類から決算関係書類を除いた取引関係書類を対象としていることが読みとれるね。

あおい課長

「全部又は一部について…」というところから、全部である必要はなくて、一部のみについて適用することを許容していることもわかるわね。

はじめ君

当協会でスキャナ保存を導入したとしても、全部署で一斉に対応しなくても構わないのは助かりますね。紙媒体の取引関係書類を授受するのは事務局だけとは限らないので、スキャナ保存に対応できた部署から順次導入が可能ということですね。

あおい課長

まずは事務局が率先してスキャナ保存に対応しないと他の部署にお願いなんてできないわね。

はじめ君

事務局で取り扱う取引関係書類といっても色々なものがありますよね。あらためて考えるとPDFなどで受け取るものも少なくないのですが、ほとんどが紙の書類ですよね。

あおい課長

事務局でスキャナ保存を導入したら、これらの書類をスキャナで電磁的記録に代えてから決済の承認を受けるのかしら?

たから事務局長

いいところに気が付いたね。スキャン保存のポイントとして、取引の決済を受ける際に紙ベースの取引関係書類を使っているとすると、決済を受ける際の業務フローを変えるか、決済まではこれまで通りに紙を使って、最後の保存する際にスキャナで電磁的記録として保存とするかを決めないとね。

はじめ君

取引の決済を受けるのを電磁的記録にするのであれば、事務局だけ適用というわけにはいかないのではありませんか?

あおい課長

現状の業務フローでも、承認に係る作業が完了していれば、あとはファイルに綴じて保存するだけよね。あえてスキャンするのは面倒ではないかしら？

はじめ君

え、スキャナ保存を導入すると面倒なことが増えるのですか？もっと楽になるイメージがあったのですが。

たから事務局長

当協会のように、取引関係書類を授受してから、伝票が起票されて会計データになるまでに、何人かの承認が必要な運営を行っていると、承認を経る工程を見直さないと効率化は見込めないんだ。

あおい課長

スキャナ保存の使いやすい点として、原本の廃棄が認められたと聞いていましたが、現状の業務フローでは廃棄は難しいですね。

はじめ君

承認印が押された取引関係書類だったとしても紙で保存するよりはデータで保存したほうが管理しやすいと思いますよ！スキャナで読み込んでしまえば、あとは元の書類を廃棄することができます。

【国税関係帳簿書類のスキャナ保存の区分】

帳　　簿	仕訳帳 総勘定元帳 一定の取引に関して作成されたその他の帳簿		
計算、整理 又は 決算関係書類	棚卸表 貸借対照表・損益計算書 計算、整理又は決算に関して作成されたその他の書類		スキャナ保存対象外

書類の名称・内容	書類の性格	書類の重要度（注）	スキャナ保存対象
・契約書 ・領収書 　及び恒久的施設との間の内部取引に関して外国法人等が作成する書類のうちこれらに相当するもの並びにこれらの写し	一連の取引過程における開始時点と終了時点の取引内容を明らかにする書類で、取引の中間過程で作成される書類の真実性を補完する書類	資金や物の流れに直結・連動する書類のうち特に重要な書類	速やかに入力・業務サイクル後速やかに入力
・預り証 ・借用証書 ・預金通帳 ・小切手 ・約束手形 ・有価証券受渡計算書 ・社債申込書 ・契約の申込書 　（定型的約款無し） ・請求書 ・納品書 ・送り状 ・輸出証明書 　及び恒久的施設との間の内部取引に関して外国法人等が作成する書類のうちこれらに相当するもの並びにこれら（納品書を除きます。）の写し	一連の取引の中間過程で作成される書類で、所得金額の計算と直結・連動する書類	資金や物の流れに直結・連動する書類	
・検収書 ・入庫報告書 ・貨物受領書 ・見積書 ・注文書 ・契約の申込書 　（定型的約款有り） 　及びこれらの写し	資金の流れや物の流れに直結・連動しない書類	資金や物の流れに直結・連動しない書類 重要度：低	適時に入力

（注）　重要度が低以外のものがいわゆる重要書類（法第4条第3項に規定する国税関係書類のうち、規則第2条第7項に規定する国税庁長官が定める書類以外の書類）、重要度が低のものが一般書類（規則第2条第7項に規定する国税庁長官が定める書類）です。

出典：国税庁　「電子帳簿保存法一問一答【スキャナ保存関係】問2」

あおい課長

ところで、スキャナ保存は、紙の取引関係書類を スキャナで読み込むだけでいいのかしら。タイム スタンプなどは不要なのでしょうか？

たから事務局長

電子帳簿保存法の根底になる基本理念として「真 実性の確保」というものがあるよ。結論からする と、当協会では、タイムスタンプの壁があって、 現状での導入は難しいんだ。

スキャナ保存において、タイムスタンプがなくて も適用が可能になったという記事を読んだことが あります。

はじめ君

たから事務局長

たしかに、訂正削除履歴の残る又は訂正削除でき ないシステムで保存する場合には、タイムスタン プが不要となる税制改正が行われているのも事実 だよ。しかし、当協会が、そのシステムを導入す るのは現実的には少し難しいかな。

ではやはりタイムスタンプの導入を検討しません か？

はじめ君

【真実性と可視性の確保】

要　件	重　要書　類（※1）	一　般書　類（※2）	過去分重要書類（※3）
入力期間の制限（書類の受領等後又は業務の処理に係る通常の期間を経過した後、速やかに入力)(規2⑥一イ、ロ)	○		
一定水準以上の解像度（200dpi以上）による読み取り（規2⑥ニイ(1))	○	○	○
カラー画像による読み取り（赤・緑・青それぞれ256階調（約1677万色）以上)（規2⑥ニイ(2))	○	（※4）	○
タイムスタンプの付与（規2⑥ニロ)	○（※5）		○（※6）
解像度及び階調情報の保存（規2⑥ニハ(1))	○	○	○
大きさ情報の保存（規2⑥ニハ(2))	○（※7）		○
ヴァージョン管理（訂正又は削除の事実及び内容の確認等)（規2⑥ニニ)	○	○	○
入力者等情報の確認（規2⑥三)	○	○	○
スキャン文書と帳簿との相互関連性の保持（規2⑥四)	○	○	○
見読可能装置（14インチ以上のカラーディスプレイ、4ポイント文字の認識等）の備付け（規2⑥五)	○	（※4）	○
整然・明瞭出力（規2⑥五イ〜ニ)	○	○	○
電子計算機処理システムの開発関係書類等の備付け（規2⑥七、同2②一)	○	○	○
検索機能の確保（規2⑥六)	○	○	○
その他			（※8）、（※9）

※1　決算関係書類以外の国税関係書類（一般書類を除く）をいう。
※2　資金や物の流れに直結・連動しない書類として規則第2条第7項に規定する国税庁長官が定めるものをいう。
※3　スキャナ保存制度により国税関係書類に係る電磁的記録の保存をもって当該国税関係書類の保存に代えている保存義務者であって、その当該国税関係書類の保存に代える日前に作成又は受領した重要書類をいう。
※4　一般書類の場合、カラー画像ではなくグレースケールでの保存可。
※5　入力事項を規則第2条第6項第1号イ又はロに掲げる方法により当該国税関係書類に係る記録事項を入力したことを確認することができる場合には、その確認をもってタイムスタンプの付与に代えることができる。
※6　当該国税関係書類に係る記録事項を入力したことを確認することができる場合には、タイムスタンプの付与に代えることができる。
※7　受領者等が読み取る場合、A4以下の書類の大きさに関する情報は保存不要。
※8　過去分重要書類については当該電磁的記録の保存に併せて、当該電磁的記録の作成及び保存に関する事務の手続を明らかにした書類（当該事務の責任者が定められているものに限られます。）の備付けが必要。
※9　過去分重要書類については所轄税務署長等宛に適用届出の提出が必要。

出典：国税庁　「電子帳簿保存法一問一答【スキャナ保存関係】問9」を参考に編集部作成

たから事務局長

いやー、そんなに簡単な話ではないんだよ。予算の確保はもちろん、業務上の重要性や将来性をよく検討しないとね。

たから事務局長

POINT

タイムスタンプに代わるシステムについては、一問一答で下記のような具体例が示されているよ。だけど、専門的な用語もあるからちょっと難しいかもしれないね。興味がある人は、文書管理システムを販売しているメーカーなど問い合わせることをおすすめするよ。

> SaaS型のクラウドサービスが稼働するサーバ(自社システムによる時刻の改ざん可能性を排除したシステム)がNTPサーバ(ネットワーク上で現在時刻を配信するためのサーバ)と同期しており、かつ、スキャナデータが保存された時刻の記録及びその時刻が変更されていないことを確認できるなど、客観的にそのデータ保存の正確性を担保することができるもの

出典:国税庁「電子帳簿保存法一問一答【スキャナ関係】」問30一部抜粋

10月の運営

売手側からみる
インボイス制度
（会計・税務）

第 **7** 章
－
①

あおい課長

令和5年10月からインボイス制度がはじまったけど、当協会の事務局としては大きな問題もなくスタートできたようね。

大きな問題は起きていないようです。しかし、何がどう変わったのかが分からないので、問題に気が付いていないかも知れません……。

はじめ君

あおい課長

えー、今更何を言っているのよ。実際にどのように変わったかを、売手側と買手側に分けて整理してみましょうか。

売手側と買手側ですか。登録番号を付した書類のやり取りが義務化されているので、請求書や領収書に登録番号を印字すれば済むのではありませんか？

はじめ君

あおい課長

極端に言えば、その通りだけれども、私たち事務局としては注意しなければならないことがほかにも沢山あるのよ。まずは、当協会で売手側について確認してみましょうか。

売手側というと収入ですよね。

はじめ君

あおい課長

インボイス制度の下では、適格請求書発行事業者は、消費税の課税取引を行った場合には、課税事業者である相手方からの求めに応じて、適格請求書を交付する義務が課されているのよ。ちなみに、適格請求書とはインボイスのことね。

「相手方からの求めに応じて」ということは求められなかった場合は交付しなくても構わないのですか？

はじめ君

あおい課長

私も気になったけれど、当協会が適格請求書発行事業者になってるので、常にインボイスを発行できる状態になっている必要があるのよ。たとえば事務局で機関紙の販売代金を受領することがあるけれども、その時に交付する領収書を受領する相手が消費税の課税事業者か否かで領収書の形式を変えるのは現実的ではないでしょ。

理論的には「相手方からの求めに応じて」となっていますが、実務的には常にインボイスを交付するのですね。

はじめ君

あおい課長

では、どのようなときにインボイスを交付するのかわかる？

消費税の課税売上があったときなので、当協会に当てはめると、受託事業の受託料、指定管理事業の利用料、建物賃貸料、機関紙の販売収入を請求又は受領するときだと思います。

はじめ君

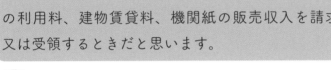

そう。では、どんな形式で交付するのかな？

あおい課長

請求書を交付して振り込まれるケースが多いので、請求書にインボイスの要件を備えればいいと思います。機関紙の販売などでは、現金を受領して領収書を交付するので、領収書にもインボイスの要件を備えなければなりませんね。

はじめ君

あおい課長

当協会では、会館の一部を貸し付けて賃料を受領しているわね。この賃貸料についてはどうかしら？

147

毎月決まった金額の賃料が振り込まれるので、請求書などは交付していません。振込みなので、領収書も交付していませんね。インボイスの観点からは、毎月請求書を発行しなければならないのですか？

はじめ君

あおい課長

毎月請求書を発行するのは、事務局の仕事が増えるので避けたいところね。

しかし、インボイスの交付義務があるので、インボイスの記載事項を明らかにした書面を交付しなければならないですよね？

はじめ君

あおい課長

インボイスの交付は、必ずしも書面である必要はないのよ。インボイスとして必要な事項を相手に伝えられれば要件を満たすので、メールなどでも構わないの。また、1つの書面やデータですべての記載事項を網羅する必要もなくて、複数の書面やデータで1つのインボイスを構成することも認められているのよ。

なるほど。1つのインボイスを複数の書面などでカバーすることができるのですね。

はじめ君

あおい課長

よくある事例では、複数の納品書と請求書をセットでインボイスの記載事項を網羅するケースが紹介されているわね。

はじめ君

そうすると、1つの書類でインボイスの要件を満たさないのであれば、どのような書類でインボイスの要件を満たすかを、事前に買手側と調整する必要がありますね。でも、月々の賃貸料について、何かを交付することになるのは避けられませんよね。

あおい課長

実はそうでもないのよ。基本契約書があるのであれば、基本契約書に記載されていない項目を他の書類でカバーすることができればインボイスの保存要件を満たすことができるのよ。

はじめ君

賃貸料に応用できそうですね。建物の賃貸借契約書が基本契約書に該当しそうです。賃貸借契約書に記載されていない項目は何でカバーすればいいのですか？

あおい課長

課税資産の譲渡等の年月日以外の事項が記載され
た賃貸借契約書と通帳（課税資産の譲渡等の年月日の事
実を示すもの）でインボイスの交付義務を果たすこ
とができるとされているのよ。

賃貸借契約書と通帳で問題ないなら、新たに書面
を作る必要もないし、交付する作業も不要になり
ますね！

はじめ君

あおい課長

新しい書面を作る必要はないけれども、賃貸契約
書に記載すべき事項がもれなくカバーできている
かの確認が必要になるわね。

登録番号は新たに追加する必要がありますね。他
の項目は問題なさそうではありませんか？

はじめ君

あおい課長

「税率ごとに区分して合計した対価の額及び適用税
率」についてはどうかしら？

事務所家賃なので、標準税率の10％が適用ですね。
軽減税率が適用される可能性はないので、税率ご
との区分は不要です。

はじめ君

あおい課長

賃貸借契約書に「適用税率」は記載されている？

あえて10％対象などとは書いていないですね……。

はじめ君

あおい課長

すべての賃借人とインボイス対応の契約書で契約をし直すのも面倒なのよね。

たから事務局長

賃貸契約書の書式を変更するのは大変なので、インボイス対応は覚書で済ますつもりだよ。

あおい課長

覚書で済むのは助かりますね。

【契約書に適格請求書の必要事項の一部を記載し、事実関係書類（通帳）を併せて保存する場合】

適格請求書の記載事項の7項目	口座振替にする場合の記載書面
請求書を発行する人（適格請求書発行事業者）の氏名又は名称	**契約書**
請求書を発行する人（適格請求書発行事業者）の登録番号	**契約書**
取引年月日	銀行の通帳
取引内容	**契約書**
税率ごとに区分して合計した対価の額（税抜又は税込）及び適用税率	**契約書**
税率ごとに区分した消費税額等	**契約書**
請求書をもらう人の氏名又は名称	**契約書**

これから新たに締結する契約書には、インボイスの要件を意識した内容が求められますね。

はじめ君

あおい課長

売手側としての対応は、請求書、領収書、契約書を見直せば大丈夫ね。

売手側は、適正なインボイスを交付すれば法律上の義務は果たしていることになるのでしょうか？

はじめ君

あおい課長

インボイス制度では、売手側でのインボイスの交付だけではなく、交付したインボイスの写しを保存することも義務付けられているみたいなの。

【賃貸借契約書の変更例】

2020年12月25日に締結した建物賃貸借契約書について、下記のとおり記載内容を変更します。

新	旧
（賃貸料） **【第3条】** 1　本物件の賃料は、**月額22万円（うち消費税2万円を含む）**とし、乙は甲に対して、毎月末日までに翌月分の賃料を甲が指定する銀行口座に振込送金する方法により支払う。なお、**消費税は10％対象とし**、送金手数料は乙が負担するものとする。	（賃貸料） 【第3条】 1　本物件の賃料は、月額20万円（税別）とし、乙は甲に対して、毎月末日までに翌月分の賃料を甲が指定する銀行口座に振込送金する方法により支払う。なお、送金手数料は乙が負担するものとする。
賃貸人 現住所　　千代田区飯田橋１-●-● **登録番号　T1234567890123** 氏名　　　公益財団法人チャット協会 　　　　　代表理事　山下雄次	賃貸人 現住所　　千代田区飯田橋１-●-● 氏名　　　公益財団法人チャット協会 　　　　　代表理事　山下雄次

これまでは請求書などの控えを保存する義務はなかったのですか？消費税法的には、義務ではなかったとしても、売上関係書類は保存していますよね。

はじめ君

あおい課長

残念ながら売上関係書類は保存していても、「交付した請求書の写し」の保存はしていない場合もあるのよ。

写しですか？

はじめ君

あおい課長

機関紙の販売などでは、事務局で現金を受領してレジから出力されるレシートを交付しているわ。レシートではなく領収書を希望される場合には、手書きの領収書を交付しているけど、写しの保存はしていないのよ……。

たから事務局長

保存すべき「交付した適格請求書の写し」とは、交付した書類そのものを複写したものに限らず、その適格請求書の記載事項が確認できる程度の記載がされているものも含まれるよ。当協会では、適格簡易請求書に係るレジの売上履歴が「交付した適格請求書の写し」になるので、手書きの領収書のコピーを残す必要はないよ。

あおい課長

手書きの領収書を交付する前にコピーをとる必要がなく、レジの売上履歴で対応可能なのは助かりますね。

ところで、レシートはインボイスになるのですか？

はじめ君

たから事務局長

レシートは、受領する者の氏名又は名称が記載されていないので、正式なインボイスの要件を満たさないと思うけれども、簡易インボイスの要件は満たすように改修してあるよ。

あおい課長

簡易インボイスとは、インボイスの簡易版のようなイメージでしょうか？

たから事務局長

不特定かつ多数の者に対して課税資産の譲渡等を行う場合には、通常のインボイスに代えてインボイスの記載事項を簡易なものとした簡易インボイスを交付することができるよ。

当協会での機関紙の販売も不特定かつ多数の者に対する事業になるのでしょうか？

はじめ君

あおい課長

形式的には小売業の体裁は整っているけれども、実際に購入される方の半分くらいはリピーターなのよね。リピート率が高いので、不特定かつ多数の者であるかは悩ましいわね。

たから事務局長

「不特定かつ多数の者に資産の譲渡等を行う事業」であるかどうかは、個々の事業の性質により判断することなるよ。資産の譲渡等を行う者が資産の譲渡等を行う際に相手方の氏名又は名称等を確認せず、取引条件等をあらかじめ提示して相手方を問わず広く資産の譲渡等を行うことが常態である事業などについては、「不特定かつ多数の者に資産の譲渡等を行う事業」に該当することになるね。

機関紙を販売する際は、相手方の氏名又は名称等を確認することもないし、定価も明らかになっています。ですので間違いなく「不特定かつ多数の者に資産の譲渡等を行う事業」に該当しますね。

はじめ君

あおい課長

当協会でも、売手側としてインボイス制度に対応するためには、あらためてどのような売上があるかを棚卸してから、再点検する必要があるわね。

たから事務局長

POINT

　インボイス制度では端数処理のルールが厳密になっている
よ。1つのインボイスにつき、税率の異なるごとにそれぞれ1
回端数処理を行うことになるんだ。これまでは、1つのインボ
イスで商品ごとに端数処理を行うケースも散見されたけれど
も、インボイス制度では認められないよ。なお、端数処理の方
法については、切上げ・切捨て・四捨五入のいずれでも問題な
いよ。

【認められる例】

請求書

○○㈱ 御中 　　　　　　　　　　　　　　　 ○年 11 月 30 日

　　　　　　　　　　　　　　　　　　　　　　　　 ㈱△△

<u>請求金額（税込）60,197 円</u> 　　　　　　　　　　（T123…）

※は軽減税率対象

取引 年月日	品名	数量	単価	税抜金額	消費税額
11/2	トマト　※	83	167	13,861	―
11/2	ピーマン※	197	67	13,199	―
11/15	花	57	77	4,389	―
11/15	肥料	57	417	23,769	―
8%対象計				27,060 →端数処理→ 2,164	
10%対象計				28,158 →端数処理→ 2,815	

【認められない例】

請求書

○○㈱ 御中 　　　　　　　　　　　　　　　 ○年 11 月 30 日

　　　　　　　　　　　　　　　　　　　　　　　　 ㈱△△

<u>請求金額（税込）60,195 円</u> 　　　　　　　　　　（T123…）

※は軽減税率対象

取引 年月日	品名	数量	単価	税抜金額	消費税額
11/2	トマト　※	83	167	13,861	行ごとに端数処理→ 1,108
11/2	ピーマン※	197	67	13,199	1,055
11/15	花	57	77	4,389	438
11/15	肥料	57	417	23,769	2,376
8%対象計				27,060	2,163
10%対象計				28,158	2,814

合算

出典：国税庁「適格請求書等保存方式の概要　P 5」

10月の運営

買手側からみるインボイス
制度（会計・税務）

売手側の整理はできましたが、買手側にはどんな
課題があるのでしょうか？

はじめ君

あおい課長

売手側では自らインボイスを交付して、その写し
を保存する義務があったわね。インボイスは、取
引に応じて領収書、請求書、賃貸借契約書など1つ
の書面で完結しないこともあるので、何をもって
インボイスの要件を満たしているかを認識してお
くことも重要なのよ。一方の買手側では、受領し
たインボイスに基づいて仕入税額控除を受けるこ
とになったのよ。

たしか受領した請求書又は領収書などがインボイ
スの要件を満たしていない場合には、仕入税額控
除ができないのですよね？

はじめ君

あおい課長

そうね。インボイス制度の重要なポイントの1つとして、インボイスに基づいて仕入税額控除を行ったうえでの適正なインボイスの保存があるわ。

しかし、これまでの制度でも請求書等の保存がないときには、仕入税額控除ができない仕組みだったのですよね？インボイスの保存が義務付けられても、本質的には変わってない気がします……。

はじめ君

あおい課長

インボイス制度で大きく変わった点としては、適格請求書発行事業者しかインボイスを発行できないので、適格請求書発行事業者との取引でないと仕入税額控除ができないことが挙げられるわ。買手側として、受領した請求書又は領収書などが、インボイスとして適正なものであるかの確認が重要ね。

具体的には、どのようなことに注意すればいいでしょうか？

はじめ君

あおい課長

買手側での最重要課題としては、売手側が適格請求書発行事業者か否かの確認になると思う。ずばり登録番号ね！売手側が適格請求書発行事業者ではない取引だと、インボイスの発行が不可能なので、買手側でも消費税の仕入税額控除ができないわ。適格請求書発行事業者が発行するインボイスには必ず登録番号が記載されているのよ。

はじめ君

インボイスの受領があれば仕入税額控除ができて、受領がなければ仕入税額控除ができないという仕組みは理解しています。しかし、実務的には、取引が発生した後のインボイスを受領する時点まで、相手が適格請求書発行事業者か否かがわからないのは不便ですね……。

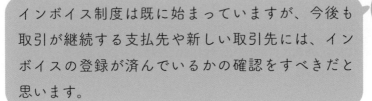
あおい課長

それもそうね……。

はじめ君

インボイス制度は既に始まっていますが、今後も取引が継続する支払先や新しい取引先には、インボイスの登録が済んでいるかの確認をすべきだと思います。

あおい課長

インボイスの登録は、消費税の納税義務とリンクしているの。仮に、支払先が未登録だとすると、その支払先は売上規模が1,000万円未満である可能性が高いことが分かってしまうわ。間接的に売上規模を確認することになるので、安易に聞ける内容ではないような気もするんだけど……。

たしかに聞きづらい内容ではありますね……。伝票起票時に支払先がインボイスの登録をしているか否かを常に気にするのは面倒ではありませんか？

はじめ君

あおい課長

たしかに面倒ではあるけど、今後は登録番号が記載されたインボイスを受領したか否かは確認するしかないと思うな。

ところで、インボイスに記載された登録番号が正しいか否かは確認しなくても構わないのでしょうか？

はじめ君

あおい課長

「国税庁適格請求書発行事業者公表サイト」では、交付を受けたインボイスに記載された登録番号を基にして検索する方法によって、適格請求書発行事業者の氏名・名称や登録年月日などの公表情報を確認することができるみたいだけど、取引先を検索するのは少し抵抗があるわね。

はじめ君

検索ができるとは知りませんでした。相手方から交付を受けたインボイスに記載がある登録番号に基づいて、「国税庁適格請求書発行事業者公表サイト」で検索を行うと、該当する公表情報がない場合には、相手方が実は登録していなかったことが明らかになってしまうのですね……。

あおい課長

登録番号の記載ミスであればいいけれども、仮に登録していないのに適当な番号を記載して、偽のインボイスを交付するのは問題があるわよね。

たから事務局長

適格請求書発行事業者以外の者が、適格請求書発行事業者が作成した適格請求書等であると誤認されるおそれのある表示をした書類を交付すると、1年以下の懲役または50万円以下の罰金が科されるみたいだよ。

あおい課長

もし当協会が偽のインボイスに基づいて仕入税額控除を受けてしまうと、不適正な控除を行ったとして消費税の過少申告となってしまいますね。

はじめ君

しかし、すべての取引先の登録番号を「国税庁適格請求書発行事業者公表サイト」で検索して、適正に登録されているかを確認するのはあまり現実的ではありませんよ。

たから事務局長

当協会の事務局としては、すべての受領したインボイスに記載されている登録番号を「国税庁適格請求書発行事業者公表サイト」で検索はしない予定だよ。当協会が買手側となって費用を支払うのは、継続的な取引が圧倒的に多く、相手側が規模の大きい法人であることから、その都度検索する必要性はないと判断しているよ。

はじめ君

「国税庁適格請求書発行事業者公表サイト」で検索することが仕入税額控除の要件となっているわけではないので、検索しないことを前提としてもいいかと思います。

あおい課長

けど、インボイス制度が導入された後に新規の取引がはじまった個人事業主については、一度検索してみてもいいんじゃないかしら……。

なぜ個人事業主なのですか？

はじめ君

あおい課長

インボイスの登録番号は、Ｔからはじまる13桁の数字になっているの。法人の13桁の数字は、登記情報に連動した法人番号なので、商号が分かれば検索が可能になるのよ。一方で、個人事業主の場合には、13桁の数字がランダムに付番されるのよ。ミスが起きそうだし、適当な数字を書かれる可能性があるような気がするの……。

登録番号は、法人と個人事業主では構造が違うのですね。

はじめ君

たから事務局長

既存の取引先については検索する必要ないと思うけど、新たに取引が開始した相手については検索してみてもいいかもしれないね。

たから事務局長 **POINT**

　買手側では仕入税額控除を100％受けるためには、原則としてインボイスの保存が求められるけれども、例外的にインボイスの保存が不要となる取引もあるよ。実務的な使用頻度が高い取引としては、①税込３万円未満の公共交通料金、②税込３万円未満の自動販売機購入、③従業員等に支払う出張旅費、宿泊費、日当、通勤手当などがあるよ。なんでもインボイスの保存が必要というものではないので注意が必要だね。

11月の運営

税務調査への備え
（会計・税務）

はじめ君

前職の会社では、5年に一度は税務調査があったよ
うなのですが、当協会では税務調査はないのです
か？

あおい課長

当協会でも税務調査はあるわよ。けど、5年に一度
というサイクルではなく、10年に一度くらいのよう
なイメージね。どのようなタイミングで税務調査
が行われるかは、私たちの立場では分からないの
よ。

はじめ君

株式会社などの営利法人と公益法人は同じような
扱いではないのですね。

あおい課長

公益法人でも申告内容や規模で税務調査のサイク
ルは変わってくるみたいなの。当協会は現状、法
人税の申告を行っていないので、税務調査におけ
る重要な調査税目も少なく、税務調査の頻度は減っ
ていると思うわ。

前回の調査は、どのような感じだったのですか？
はじめ君

あおい課長
前回の税務調査のときにも、既に法人税の申告は行っていなかったから、実質的な調査税目は消費税と源泉所得税だったわね。

法人税の申告義務がないことの確認はなかったのですか？本当は申告義務があるのに失念している可能性もありますよね？
はじめ君

あおい課長
調査官みたいな視点ね！確かに、法人税の申告義務の有無についての確認はされたわね。

当協会は、公益目的事業と収益のない法人会計しかないので、法人税法上の収益事業は行っていないのですよね。
はじめ君

あおい課長
調査官は、定期提出書類で公益目的事業として報告している事業と正味財産増減計算書内訳表における公益目的事業が一致しているかを気にしていたみたい。

事業の括りでのミスはそれほどないような気がしますけど……。
はじめ君

あおい課長

調査官としては、当然一致しているという先入観を取り払って調査に臨んでいるのよ。不備がないことを前提としたら調査にならないでしょ。

たしかに、一致していて当たり前と考えたら調査なんてやる気にならないですね……。

はじめ君

あおい課長

税務調査の調査官は、確認すべき事項を決めて、それが適正に処理されているかを確認することが仕事なのよ。問題なければなにもなしで、間違えていたら修正申告を依頼するような流れだと思う。必ずしもミスを見つけなければならない仕事というわけではないわ。

えー、ミスを探すのが仕事で、追加納税がなければ税務調査の意味がないのではないですか？

はじめ君

あおい課長

そんなことないよ。ちなみに過去に当協会の税務調査でも消費税の申告において過大納付が見つかって、減額更正を受けたことがあるのよ。

減額更正ってなんですか？

はじめ君

あおい課長 減額更正とは、税務署側で税金計算をしなおして、申告すべき税額を減額することなの。その時は減額更正によって還付を受けたのよ。

はじめ君 税務調査で還付を受けることがあり得るのですか？それは知りませんでした。

あおい課長 税務調査では、過少申告のみを探すのではなく、過大申告が見つかった場合には還付によって是正するのよ。

はじめ君 税務調査は、適正な税務申告を行うための確認作業として機能しているのですね。
てっきり、追加徴税が目的だと思い込んでいました。

あおい課長 調査官は、限られた時間の中で、調査対象法人の事業を理解して、ミスを見つけるのだから有能よね。

はじめ君 補助金の精算検査も同じようなものですよね？

あおい課長

確かに、似ているかもしれないわね。けど、調査対象法人の情報量が全然ちがうと思うわ。精算検査は、毎年行われているのに対して、税務調査は不定期であって、細かい引継ぎはないみたいなの。

数日の調査で実態を把握して、適正な申告ができているかの確認をするのは難しいでしょうね。

はじめ君

あおい課長

私たちは、会計データや計算書類を作成している立場なので、当然として当協会がどのような事業を行って、どのように経理処理されているかを理解しているわ。一方で調査官は、計算書類などでわかる範囲の予習はしていても、具体的な情報はその場で得ることになるのよ。

そうすると、税務調査といっても請求書や領収書を1枚1枚確認する時間はないですよね？

はじめ君

あおい課長

税務調査は、すべての取引を漏れなくチェックするというイメージがあるかもしれないけど、実際にそのような方法では永遠に終わらないわね。

それなら請求書や領収書の確認しないのですか？

はじめ君

あおい課長

請求書や領収書も重要だけれども、細部の確認は調査官が必要と考える取引のみであって、数日間の税務調査でも数限られた範囲での確認といった感じだったわね。

イメージと違いますね。税務調査は、領収書と総勘定元帳の突合せを行うものと思っていました。そうすると、税務調査はどのような段取りで進めるのでしょうか？

はじめ君

あおい課長

税務調査では、聞き取りによって状況を把握するのが特に重要みたいだったわね。

刑事の取り調べみたいですね……。

はじめ君

あおい課長

ドラマの取り調べのような緊張感はないけれども、事務局からの法人の沿革や事業内容についての聞き取りで具体的な調査項目を絞っているようだったわよ。

調査項目になった事業については、どのような調査が行われたのですか？

はじめ君

あおい課長

そこでも該当する事業課の担当者を呼んで、事業内容や取引関係者についての聞き取りをしていたわね。

話を聞くだけなのですか？

はじめ君

あおい課長

そんなことはなかったわね。調査官は、常にメモを取って記録していたわ。きっと、調査報告に必要なのではないかしら。

いったい、いつになったら会計帳簿の精査を行うのですか？

はじめ君

あおい課長

事業課の説明で興味があった入金や出金の処理を総勘定元帳で確認していたわね。

総勘定元帳を隅々確認するというよりも、ピンポイントに抽出していくイメージですね。そうすると、ピンポイントの抽出に対応するために会計帳簿を備えておくことになりますね……。

はじめ君

あおい課長

確かに、総勘定元帳はペラペラめくっていたけれども、請求書や領収書にいたっては、必要に応じて確認するような感じだったわ。

消費税は帳簿だけではなく、請求書等の現物を保存することが重要だと聞いています。その請求書等をちゃんと保存しているのに、じっくり見てもらう時間がないのは残念です。
はじめ君

あおい課長
私たちが会計帳簿を作成したり、請求書等を保存するのは、税務調査で調査官に確認してもらうためだけではないわ。事務局としては、法令や内部規程で定められたルールに沿った運営することが責務なので、調査官が確認しないからといって、無駄な仕事ではないのよ。

しかし、伝票起票時に請求書や領収書と確認して、会計データとして登録するまでの過程を考えると少し残念です……。
はじめ君

あおい課長
ちなみに経理担当者の作業評価は、税務調査官ではなく、その担当者の上席である責任者になるわ。当協会の事務局であれば、事務局長ね。

ピンポイントに調査対象を抽出するとしても、どのように抽出しているのでしょうか？
はじめ君

173

あおい課長

消費税でミスが生じやすい論点があるか否かで調査項目を選定しているのではないかしら。

はじめ君

そういえば、当協会の全体的な確認はしなかったのでしょうか？

あおい課長

消費税の勘定科目別課税区分表は調査の開始時点で渡したけど、全体の確認といった雰囲気はなかったわね。数日間の調査で全体を捉えるのではなく、特定の事業を掘り下げるような感じだと思う。

はじめ君

そのような方法で申告漏れを見つけるとは、税務調査官は優秀なのですね……。聞き取りの中から指摘事項のあたりをつけるとは思いませんでした、いわゆるガサ入れとは違いますね。

あおい課長

税務調査の方法は、対象法人によって異なる可能性もあると思う。当協会は公益財団法人として内閣府から公益認定を受けているので、収入を隠蔽しているとは思っていないのではないかしら。

【税務調査手続きの流れ】

```
┌─────────────────────────────────────────────┐
│           実地調査の事前通知                  │
└─────────────────────────────────────────────┘
                    ▼
┌─────────────────────────────────────────────┐
│          実地調査（質問検査）                 │
└─────────────────────────────────────────────┘
                    ▼
┌─────────────────────────────────────────────┐
│      ・調査結果の内容の説明                   │
│                                               │
│      ・修正申告の勧奨                         │
└─────────────────────────────────────────────┘
      ▼           どちらか一方          ▼
┌──────────────────┐      ┌──────────────────┐
│   修正申告       │      │   更正処分       │
│                  │      │                  │
│ （納税者が行う） │      │ （税務署が行う） │
└──────────────────┘      └──────────────────┘
```

出典：全国公益法人協会『公益・一般法人』2016年 7 月15日号、長南全隆
「読んで体験‼バーチャル税務調査」

はじめ君

当協会は、公益財団法人として面倒な定期提出書類などを作成することで、税務調査において信用を得ているのであれば、事務局としても報われますね。

あおい課長

税務署の調査において、公益法人と一般法人で取扱いを変えているかは分からないわよ。個人的には、内閣府の立入検査を受けているので、そんなに悪いことはしていないと思ってもらえているとうれしいかな。

たから事務局長

POINT

　税務調査は、大きく「強制調査」と「任意調査」に分けられるよ。強制調査は、国税局査察部によって、納税者の意思とは関係なく、突発的また強制的に行われるんだ。いわゆるガサ入だね。

　任意調査にも、無予告調査はあるけれども、公益法人に対して無予告調査が行われる可能性は低いよ。多くのケースが事前予告調査なので、日程や場所の調整を事前にすることになるんだ。

11月の運営

第 **8**-② 章

立入検査の通知が届いた
（機関運営）

あおい課長

はじめ君、内閣府の公益認定等委員会から立入検査についての通知が届いたわよ。

え？　当協会で立入検査が行われるのですか？

はじめ君

あおい課長

実は、数日前に公益認定等委員会の担当者から日程調整のメール連絡があったの。恒例行事みたいなものだから、早く終わらせた方がいいと思って、メンバーのスケジュールが空いている日程で予定を組んだのよ。

検査実施日時は、1日なのは助かりますが、10時から17時では業務時間のほとんどですね……。辛い1日になりそうです……。

はじめ君

あおい課長

立入検査というネーミングが、刑事ドラマの捜査のような雰囲気を感じさせるかもしれないけれども、そんなに身構えなくても大丈夫よ。

はじめ君

当協会は適正な運営をしているので、わざわざ立入検査などしなくても問題ないと思いますけど……。毎年、定期提出書類を提出しているので、事業内容の概要は把握できるのではないですか？

あおい課長

現状の定期提出書類の記載内容では、事業運営の実態までは分からないと思うわ。

はじめ君

定期提出書類の記載内容が、これ以上細かくなるのも面倒なので、立入検査に来てもらった方がいいかもしれませんね。

あおい課長

公益法人の立入検査は、認定法第27条第1項で、「公益法人の事業の適正な運営を確保するために必要な限度において」と記載されているように、法令で明確に定められた公益法人として遵守すべき事項に関する公益法人の事業の運営実態を確認するという観点から行うものよ。

11月の運営

機関運営に関する
指摘事項（機関運営）

はじめ君

運営実態を確認するのであれば、仕方ありませんね。ところで、どのような指摘が考えられるのですか？

あおい課長

これまで当協会は、立入検査で指摘されたことはなかったような気がするわ。公益認定等委員会が「主な指摘事項」を公表しているので、その事例を当協会に当てはめて、直すべきところを事前に自主修正しているからこそ、指摘事項がないと言えるわね。

はじめ君

その公表されている「主な指摘事項」にはどのような項目が挙げられているのですか？

あおい課長

機関運営関係の指摘事項としては、①決算承認理事会と定時評議員会（社員総会）の同日開催、②定時評議員会（社員総会）の招集手続を省略する場合に理事会決定を行っていない、③定時評議員会（社員総会）の招集通知に際して計算書類等を提供していない、④業務執行理事等の理事会に対する職務執行報告が行われていない又は議事録に記載がなく実施の確認ができない、⑤役員の選任に際し個別に採決せず一括で決議していた、⑥議事録の作成・保存の不備（記載事項、記名・押印等）の６つの事例が挙げられるわ。

【立入検査における主な指摘事項】

（内閣府における立入検査実施実績）　　　　　　　　　　　　　　　　　　　　　　（単位：件）

平成23年度	24年度	25年度	26年度	27年度	28年度	29年度
12	28	151	553	764	633	697

※ 立入検査が本格化した以降の平成26〜28年度に実施した延べ1,950法人の立入検査結果、指摘事項が多い項目は以下のとおり。

①規則の未整備と不順守

②代表理事等の理事会での報告がない又はその確認ができない

③法人印の使用と管理が不十分

④会計処理が不適正

⑤収支相償を満たしていない

①と②で全体の約2割、③〜⑤の合計は全体の約1割を占める。

出典：内閣府「行政庁による監督と法人運営上の留意事項（立入検査実績を踏まえて）」より一部編集

確かに、当協会では守られている事項ばかりです。
はじめ君

あおい課長
⑤役員の選任に際し、個別に採決せず、一括で決議していたについては、当協会が旧財団法人のときには、一括で決議していたのよ。正直、候補者がそのまま選任されることは事前に分かっているので、わざわざ個別に採決する意味がないと思っていたの。だけど、機関運営としては、確認の意味もあるので個別採決をするようになったのよ。

機関運営は、無駄だと思うようなことでも、重要性があることが少なくないようですね。
はじめ君

あおい課長
業務運営・手続関係の指摘事項としては、①変更認定申請・変更届出の懈怠、②事業運営、書類備置き等の不備が挙げられていたわね。

11月の運営

変更認定と変更届出の ちがい（機関運営）

①変更認定申請・変更届出の懈怠は、立入検査で指摘されても、事後的に申請書や届出書を出せばいいのですよね。

はじめ君

あおい課長

最終的には、申請書又は届出書を提出することになるけれども、変更認定申請が必要になるか、変更届出書で済むのかは大きな違いがあるのよ。

書類を出すことは同じでは？

はじめ君

あおい課長

変更認定は、変更前にあらかじめ行政庁の認定を受ける手続なの。変更届出は、変更後に遅滞なく行政庁へ届け出る手続なのよ。手続を行うタイミングが違うの（P184【図1】参照）。

立入検査で、本来は変更認定が必要だったことが明らかになると良くないのですね。

はじめ君

あおい課長

事前申請が必要な変更について、事後的に申請の失念が発覚するのは、事務局としては避けなければならないことね。変更認定は、必ず認定されるとは限らないので、不認定となるリスクがあるのよ。

既に公益認定を受けているのに、変更認定が認められないことなどあるのですか？

はじめ君

あおい課長

変更する部分だけではなく、法人全体の公益性も再確認されると聞いたことがあるわ。

仮に、不認定となると当初予定していた事業活動ができなくなる可能性がありますね。

はじめ君

あおい課長

事務局としては、変更認定申請と変更届出では、その重さが全く別と言っていいと思う。変更認定が必要なケースは、特に気が付かなければならない重要事項となるわね。（P184【図2】参照）

【図1：変更認定と変更届出の流れ】

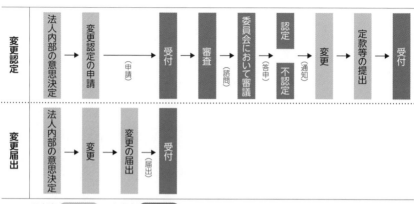

黒文字 **公益法人** 、白文字 **行政庁**

【図2：変更認定が必要な場合】

変更事由	注意点
① 公益目的事業を行う都道府県の区域の変更	公益目的事業を行う都道府県の区域を、定款で変更しようとする場合は、変更の認定を受ける必要がある。
② 主たる事務所または従たる事務所の所在場所の変更	主たる事務所又は従たる事務所の所在場所を変更しようとする場合は、変更の認定を受ける必要がある。従たる事務所を新設又は廃止しようとする場合も同様である。
③ 公益目的事業の種類の変更	「公益目的事業の種類」とは、認定法別表において該当する号のことをいう。その該当する号を変更しようとする場合には、変更の認定を受ける必要がある。
④ 公益目的事業・収益事業等の内容の変更	公益目的事業又は収益事業等の内容を変更（新規事業を立ち上げる場合及び事業の一部を廃止する場合を含む。）しようとする場合は、変更の認定を受ける必要がある。

（編注）所管行政庁（都道府県又は内閣総理大臣）に変更がない場合や公益目的事業の公益性についての判断が明らかに変わらない場合などは、変更認定でなく変更届出で足りることとなります。

出典：内閣府「変更認定申請・変更届出の手引き」を参考に編集部作成

POINT

　行政手続法に基づいて、標準処理期間というものが公表されているよ。認定法第11条の変更認定に係る通常要すべき標準的な期間は内閣府では40日とされているんだ。

【参考】行政手続法（平成5年11月12日法律第88号）

【行政手続法】

（標準処理期間）

第6条　行政庁は、申請がその事務所に到達してから当該申請に対する処分をするまでに通常要すべき標準的な期間（法令により当該行政庁と異なる機関が当該申請の提出先とされている場合は、併せて、当該申請が当該提出先とされている機関の事務所に到達してから当該行政庁の事務所に到達するまでに通常要すべき標準的な期間）を定めるよう努めるとともに、これを定めたときは、これらの当該申請の提出先とされている機関の事務所における備付けその他の適当な方法により公にしておかなければならない。

12月の運営

年末調整の準備
（会計・税務）

あおい課長

> 寒くなってきたので、事務局としては繁忙期の到来を感じるわね。

> やはり12月くらいから忙しくなるのですか？

はじめ君

あおい課長

> そうね。当協会の事務局では、給与計算の延長で年末調整も自分たちで行っているのよ。

> 年末調整って、1年間の給与を集計して税金を計算する手続のことですよね。顧問契約のある税理士が対応してくれるのではないのですか？

はじめ君

あおい課長

> 当協会では、事務局内でできることは、外部に委託することなく自分たちで処理することになっているのよ。年末調整も事務局での対応となっているわ。

はじめ君

月々の給与計算は、給与計算ソフトに決まった事項を入力すると自動計算されるので、私たちが判断して処理するというよりも、機械的に処理するイメージでした。年末調整も同じような感じですか？

あおい課長

年末調整は、月々の給与計算よりもいろいろと判断が求められる場面が多いわね。

基礎知識がないと難しいのではありませんか？

はじめ君

あおい課長

年末調整は、使用する用語が難しいので難解なイメージが先行してしまうかもしれないわね。でも、具体的な計算は給与計算ソフトの年末調整機能で処理ができるので、職員の方々の申告内容を適正にソフトに入力することが求められるわ。まずはやってみないとね！

12月の運営

申告書類の回収
（会計・税務）

あれこれ悩む前に、手を動かせってことですね
……。まずは何をすればいいですか？

はじめ君

あおい課長

年末調整を効率的に行うためには、遅滞なく漏れ
のない資料回収が重要になるので、まず書類の準
備からはじめましょう。

毎年、この時期になると住所や氏名などを何回も
書いて書面を提出しているような気がします。

はじめ君

あおい課長

その書面が年末調整のベースとなるのよ。令和6年
分の年末調整では、①令和6年分扶養控除等（異動）
申告書、②令和6年分基礎控除、配偶者（特別）控
除及び所得金額調整控除申告書、③令和6年分保険
料控除申告書、④令和7年分扶養控除等（異動）申
告書の4枚の申告書を提出してもらう必要がある
の。

①令和6年分扶養控除等（異動）申告書は、入職時に書いた記憶があります。もう一度書くのですか？

 よく覚えていたわね。①令和6年分扶養控除等（異動）申告書は、令和6年中における最初の給与を支給する前に提出するものなので、全員が既に提出しているものよ。

既に提出しているのであれば、あえて年末に再提出する意味はないですよね？

 年末には、その申告書の記載内容に異動がないかを確認するために、すでに提出してもらっている申告書を各職員にいったん返して、再確認してもらうのよ。

確認してもらった申告書に基づいて、正確に年末調整を行うためのものですね。

 はじめ君、理解が早いわね！

この申告書は、一度提出すると記載内容の変更があっても年末調整まで変更しなくて構わないのですか？月々の給与計算にも影響しますよね？

あおい課長

本来であれば、記載事項に異動があった場合には、その異動の後、最初に給与の支払を受ける日の前日までに異動の内容等を記載した申告書を提出する必要があるの。

異動があったときに、必ず修正が行われているのであれば、法人が保存しているその申告書は、最新の情報になっているはずですよね。

はじめ君

あおい課長

実際には、異動があっても記載内容を変更していないケースがあるのよ…

そうなると、年末調整をする前に扶養情報を再確認する機会があるのはいいですね。

はじめ君

あおい課長

扶養控除の誤りがあると、1年後に税務署から是正通知が来る可能性があるので、できるだけ適正に処理したいわよね。

事務局としては、提出された申告書に基づいて処理することしかできません。これらの記載内容に誤りがあったとしたら防ぎようがないですよね？

はじめ君

あおい課長

そうね、当協会は規模が小さい財団だけれども、職員の扶養情報を事務局が把握するようなことはできないから、申告ベースで処理することになるわね。

年末調整が終わった後に、扶養控除の誤りを指摘された場合であっても、納付税額が少なかったことになるので、罰金的な税金が課されるのですよね？

はじめ君

あおい課長

年末調整は、職員の申告に基づいて行うので、その申告に誤りがあった場合には、適正な年末調整を行うのは不可能となるわね。このようにやむを得ない理由があるときには、延滞税などのペナルティーは課されないのよ。

ペナルティーがなくても税務署から誤りを指摘されるのは避けたいですね。

はじめ君

あおい課長

扶養控除等（異動）申告書の記載内容に誤りがあるのは仕方ないのよ。それよりも、年末調整における最重要テーマは、早めに資料を回収することよ！私たちとしては、必要な資料が回収できないと年末調整の作業が進まないからね。

資料の回収自体は決して難しくはないですよね？

はじめ君

あおい課長

簡単に思えるけれども、自分たちだけでは完結しないことなので、職員の協力をうまく得ないとね。

具体的には、何の回収が難しいのですか？

はじめ君

あおい課長

まず、中途入社の前職に係る源泉徴収票！令和6年中の前職での収入が分からないと年末調整ができないのよ。

私も中途入社ですが、入社時に前職の源泉徴収票は提出しました。

はじめ君

あおい課長

簡単に回収できるケースばかりではないのよ。交付を受けた源泉徴収票を紛失したり、前職との関係が良好でない場合には、交付してもらえなかったりと、回収が遅れる理由は色々あるわね。

生命保険の控除証明書などを紛失するケースも多いような気がしますね。

はじめ君

あおい課長 そうね、実際には毎年恒例の行事となっているものは、スムーズに回収することができているわね。配偶者や子供の収入見込額がはっきりしないことが多いような気がするわ。

収入によっては、扶養の範囲を超える可能性があるからですか？

はじめ君

あおい課長 そうなの。できるだけ控除の漏れをなくしたい気持ちがあるけど、収入がギリギリのラインだと確認してからでないと作業が先に進まないのよね……。

年末調整というと、毎年改正事項があって、様式が微妙に変化しているイメージです。変化が大きいと書類の回収にも影響しそうです。令和6年分も何か変わっているのですか？

はじめ君

あおい課長 いまのところわかる範囲では、令和6年分についての改正事項はないわ。様式の変更もなさそうだから、事務処理が遅れる理由を改正による変化とは言えないわね。

はじめ君

職員のみなさんは、過去の改正事項を理解しているのですか？配偶者控除等申告書と一緒の様式に「所得金額調整控除申告書」というものが組み込まれていました。こんな控除があったとは知りませんでした……。

あおい課長

所得金額調整控除は、令和2年に登場したけれども、あまり馴染みがないのよね。

該当する人が少ないのですか？

はじめ君

あおい課長

その年の給与等の収入金額が850万円を超えることが前提なの。年収850万円超に限定した控除なので使用頻度が低くなるのは仕方ないわ。けど、この所得金額調整控除は、適用漏れが多いと言われているのよ。

所得金額調整控除申告書の記載を忘れてしまうからですか？

はじめ君

あおい課長

本人も年末調整を行う私たちも、所得金額調整控除を受けられることに気がつかない場合が多いの。

要件は複雑なのですか？

はじめ君

あおい課長

年収850万円を超える者であって、①本人が特別障害者に該当する人、②年齢23歳未満の扶養親族を有する人、③特別障害者である同一生計配偶者又は扶養親族を有する人のいずれかに該当すれば適用対象になるの。

②年齢23歳未満の扶養親族を有する人のケースは特に多いような気がします。

はじめ君

あおい課長

この要件だけを見ると、共働き夫婦で父親が所得金額調整控除を受けると、母親は適用できないように捉える人が多いの。

扶養控除は、扶養している親族のうちでひとりだけが受けられる特典ですよね。共働きだとしても、ひとりの子供について父親と母親がそれぞれ控除を受けることはできないはずです。

はじめ君

あおい課長

扶養控除では、扶養者と被扶養者は1対1の関係になるの。ただし、所得金額調整控除は、1対1の関係は問われないので、1人の子供に対して、父親と母親がそれぞれ控除を受けることができるのよ。

それは知りませんでした。

はじめ君

あおい課長

仮に、父親側で扶養控除を受けていると、父親の勤務している法人では、子供の存在に気が付くので、所得金額調整控除の適用にも気が付きやすいわ。しかし、母親の勤務する法人では、子供の存在に気が付きにくい環境になるの。

母親から所得金額調整控除申告書に記載してもらわないと、年末調整を処理する担当者が気付くのは難しいですね。

はじめ君

あおい課長

だから当協会では、所得金額調整控除が導入されたときから、年末調整の資料と一緒に所得金額調整控除の注意喚起となる書面を配布しているのよ。

たから事務局長

POINT

　年末調整は、年に1回しかないイベントみたいなもの外には、馴染みのない面倒な手続と思われているかもしれないね。しかし、適正な処理をしないと、控除漏れなどによって過大な納税になる可能性もあるんだ。資料の早期回収が求められることはもちろんだけれども、正確な情報であることが大前提になることは忘れてはならないよ。

年末調整の電子化
（会計・税務）

はじめ君

年末調整の資料を紙で配布していますが、これって電子化できないのでしょうか？

あおい課長

年末調整の電子化も制度的には可能よ。電子帳簿保存法のデータ保存よりもハードルは低いような気がするわね。

はじめ君

当協会も、年末調整を電子化すべきですよ。紙の扶養控除等（異動）申告書や保険料控除申告書を配布した後に記入済の紙を回収して、紙を保存するのは非効率だと思います。

あおい課長

近年の電子化の流れからすると、当協会の年末調整はアナログなので時流に乗っていないのはよくわかるけど……。

はじめ君

当協会は、基本的に電子化が好きなので、当然年末調整も電子化へ向けて積極的に動いていると思っていました……。

あおい課長

電子化が好きと言われると違和感があるわね……。実は、令和2年分の年末調整のときに事務局長に電子化への提案をしたけれど、一気に電子化を進めるのではなく、コストを掛けずに負担のない範囲で進めることになったの。

たから事務局長

なにやら私が電子化の妨げになっているような言い方だね……。実は年末調整の電子化については、職員側のテーマと法人側のテーマに分けて整理する必要があって、最終的には時期尚早と判断したんだよ。

職員側と法人側ですか？

はじめ君

あおい課長

年末調整の電子化は、職員側が扶養控除等（異動）申告書や保険料控除申告書をデータで作成することが前提になるの。そして、そのデータを法人側が年末調整を処理するソフトにインポートをして初めて完成型になるのよ。

職員側が年末調整データを作成するには、対応するソフトがないと無理ですよね？

 使用するソフトとしては、国税庁が「年調ソフト」というものを無償で公開しているので、いつでもダウンロードして使うことができるんだよ。

ネットで検索するとすぐに出てきますね！この年調ソフトの操作は難しいのですか？

 年調ソフトの操作は、決して難しくはないわ。PCだけではなく、スマホ版もあるので、ほとんどの方が問題なく使用できると思うよ。

それなら、なぜこの年調ソフトを使わないのですか？

 では、職員側のテーマを整理してみようか。まず年調ソフトは無料で公開しているので、取得することは容易だよね。操作もそれほど難しくないよ。

あおい課長

年末調整の電子化で目玉となる機能として、生命保険料控除証明書の電子データをマイナポータルで一括取得することが挙げられるわ。データを取得すると保険料控除申告書に連動して自動計算してくれるし、控除証明書の添付も不要になるの。

自動計算してくれて、控除証明書のハガキを添付する必要がないなんて、職員側としては最高ですね！

はじめ君

あおい課長

制度としては素晴らしいけれども、マイナポータルで控除証明書のデータを取得することが前提となっているの。

マイナポータルということは、マイナンバーカードの取得が必要なのですよね。楽できるのであれば、みなさん取得してくれるのではありませんか？

はじめ君

たから事務局長

マイナンバーカードの取得に抵抗感を抱く人も少なくないよ。年末調整の電子化を推進する一環で、マイナンバーカードの取得を提案しようとしたけども、反対者が多いことが事前にわかったので、取りやめた経緯があるんだ。

あおい課長

仮に、マイナンバーカードを取得しても、当時の
マイナポータルでは連携できる金融機関が少なく
てほとんど意味がなかったのよ。マイナポータル
での連携を前提として職員にマイナンバーカード
の取得を促す予定だったんだけど、国のインフラ
整備が追い付いていなかったと言えるわね。

それから3年が経過していますが、マイナポータル
で連携ができる金融機関は増えているのですか？

はじめ君

あおい課長

私も気になって確認してみたら令和4年10月上旬
から連携可能となっている金融機関が多くなって
いるわ。

たから事務局長

しかし、すべての金融機関が対応していないこと
が重要だと思っているよ。各職員が加入している
生命保険や地震保険が連携可能かどうかは判断が
つかないからね。

たしかにそうですね……。

はじめ君

たから事務局長

仮に、年末調整の電子化を行うためにマイナンバーカードを取得しても、職員が加入している保険会社がマイナポータル連携に対応していない場合も考えられるね。事務局が電子化を進めたのに、結局は意味がなかったと言われる可能性があるよ……。

そうすると、すべての金融機関が連携可能となるまで、年末調整の電子化はできないということになるのですか？

はじめ君

あおい課長

現状では、可能な範囲で興味のある職員には電子化を提案しているのよ。

12月の運営

電子化実現のイメージを つかもう（会計・税務）

あおい課長

年末調整の電子化には、いくつかのパターンがあるのよ。P204の【年末調整手続の電子化実現案】の案1～案4までの4パターンが想定されているの。

はじめ君

手書き提出というのが、これまでの紙ベースの処理ですか。控除証明書等の取得方法がマイナポータル連携の有無に関係するのですね。【年末調整手続の電子化実現案】の左側の案1と案3がデータ取得で、右側の案2と案4がハガキ取得に分かれています。あれ？ハガキで取得しても、電子化の扱いになるのですか？

あおい課長

【年末調整手続の電子化実現案】の右側は、マイナポータル連携ができていないので、ハガキでの取得を前提としているけれども、ハガキの情報を年調ソフトに手入力することで、保険料控除申告書をデータ化することができるのよ。

自動連携ではなくとも、保険料控除申告書の電子化は可能なのですね！

はじめ君

たから事務局長

年調ソフトを使えば、マイナポータル連携ができなくても扶養控除等（異動）申告書や保険料控除申告書などの電子化は可能なので、一部分だけでも電子化できると大きな前進になるね。

マイナポータル連携ができなくても構わないと思いますよ。手書きの扶養控除等（異動）申告書がデータ化されるだけでもいいじゃないですか。

はじめ君

【年末調整手続の電子化実現案】

方法 ② 控除申告書の提供（提出）		① 従業員の控除証明書等の取得方法	
		データ取得	ハガキ等取得
	データ提供	完全電子化! **案1** データ取得・データ提供	**案2** ハガキ取得・データ提供
	印刷提出	**案3** データ取得・印刷提出	**案4** ハガキ取得・印刷提出
	手書提出		【書面（手書き）での年末調整】

出典：国税庁「年末調整手続の電子化について ～実施方法検討編～」を参考に編集部作成

あおい課長

データ化した扶養控除等（異動）申告書や保険料控除申告書をデータで提供できれば効率的になるのは明らかだけれども、当協会の年末調整ソフトでは、年調ソフトのデータをインポートする機能がないのよ。

たから事務局長

つまり、先ほどの【年末調整手続の電子化実現案】の横軸でいうテータ提供ができないので、案4の印刷提出になってしまうんだ……。

なるほど、法人側のテーマというのは、年調ソフトのデータをインポートできるか否かだったのですね。

はじめ君

あおい課長

当協会では、年末調整のソフトそのものを変更することも考えたけれども、年末調整の電子化に予算を割くことに反対する方も多くてね……。

ですが、年調ソフトに入力したデータを紙に印刷して提出する案4でも、手書きではないというメリットがありますよ。私は手書きよりも入力する方がいいので、年調ソフトをダウンロードして、実際に利用してみますね！

はじめ君

あおい課長

私と事務局長は、令和２年分から年調ソフトで扶養控除等（異動）申告書と保険料控除申告書を作成しているから、分からなかったらドンドン聞いてね！

たから事務局長

POINT

　年末調整の電子化は、職員側と法人側にそれぞれのテーマがあって一筋縄ではいかないけれども、職員側は年調ソフトをダウンロード、利用することで一部電子化ができるんだ。まずは、年末調整を行うメンバーで年調ソフトを使って、提出物を手書きから印刷物へ変えることからはじめてもいいと思う。年末調整の電子化は、マイナポータル連携を行うのであれば、金融機関の協力も必要なので、ハードルは高いけれども、近い将来には実現するような気がするよ！

1月の運営

第**10**章
-
①

~~~~~~~~~

固定資産のチェック
（会計・税務）

年始の休み明けは、どうも仕事に集中できませんねー。 はじめ君

 あおい課長 本来であれば上司として叱らなければならない場面だけど、気持ちが分かり過ぎて一緒にダラダラしてしまいそうだわー。

1月の作業としては、どのようなものがあるのですか？急ぎのものがないといいですねー。 はじめ君

 あおい課長 当協会では償却資産の申告に備えて、固定資産の実地棚卸しを行っているのよ。

棚卸しというと、決算時点で保有している在庫を確認する作業ですよね。 はじめ君

4月 5月 6月 7月 8月 9月 10月 11月 12月 **1月** 2月 3月

207

あおい課長

確かに、棚卸しというと商品や製品などの売り物のイメージがあるけれども、固定資産の実施棚卸しも重要なのよ。

はじめ君

当協会では、1個10万円以上の資産を固定資産として扱っていたと思います。固定資産については、購入時に固定資産台帳にちゃんと計上しているので、実地棚卸しを行っても大きな差異はないのではありませんか？

あおい課長

固定資産を購入した場合には事務局が固定資産台帳に計上を行うけれども、その後の管理は事業部にお任せしているの。

はじめ君

固定資産の使用状況を把握する必要などありますか？

あおい課長

事務局としては使用状況をきちんと確認しないと適正な申告はできないわよ。

はじめ君

購入時の処理が正しくできているのであれば、減価償却費の計上も正しく計上できますよね。会計的には問題ないのではありませんか？

あおい課長

購入して、そのままの状態で使用しているのであれば、固定資産台帳と実態の乖離はないと思う。けど、そのまま使っているかどうかは分からないわよ。

使用していないことなんてあり得ますか？

はじめ君

あおい課長

壊れたので廃棄した場合や、使用する事業部が変わっている場合などがあり得るわね。

各事業部で廃棄した場合に、廃棄損を計上せず減価償却費を計上し続けたとすると実態と会計処理が乖離しますね……。

はじめ君

あおい課長

廃棄するときには、廃棄証明書を添付して、固定資産台帳の変更依頼をするルールになっているけど、多忙な各事業部ではうまく運用されていないのよ。

固定資産の棚卸しは、廃棄したか否かの確認なのですね。

はじめ君

あおい課長

廃棄の確認だけとは限らないわよ。使用する場所や事業部が変わることも考えられるね。

1 月 の 運 営

第10-②章

使用状況も要チェック
（会計・税務）

そう言えば、当協会の固定資産台帳は、使用する場所も入力されていますよね。ですが使用する場所はあまり関係ないのではありませんか？

はじめ君

あおい課長

使用している場所が分からないと固定資産の実地棚卸にならないわよ！場所の管理をしないのであれば、管理を放棄しているようなものね。

前職で固定資産台帳と実際の使用状況がズレていたのは、場所の管理が徹底していなかったからかもしれません……。

はじめ君

あおい課長

当協会では、実地棚卸のときに固定資産の使用状況をデジカメで撮影していて、固定資産台帳に画像が格納されているのよ。

画像ですか？

はじめ君

あおい課長 大まかな場所が分かっても、目立たない固定資産だと見つけるのも大変なのよね。あと、使用状況で耐用年数が変わるものもあるので、画像は重要なデータになるの。

使用状況で耐用年数が変わるものなんてありますか？
はじめ君

あおい課長 そうねー、可動式間仕切りなんて典型的な固定資産ね。

可動式間仕切りって、パーテーションですよね。
はじめ君

あおい課長 パーテーションは、法定耐用年数を当てはめるときの資産の種類は何になるかしら？

建物附属設備です。
はじめ君

あおい課長 そうね。耐用年数は何年になっているの？

事務局に設置してあるパーテーションでは15年でした。あれ？調べてみると、簡易なものとして3年で償却できることがあるようです。
はじめ君

あおい課長

可動式間仕切りについては、「簡易なもの」の3年と「その他のもの」の15年に分類されているのよ。

はじめ君

当協会では、15年を使っているようです。「簡易なもの」と「その他のもの」では何が違うのでしょうか？

あおい課長

可動式間仕切りのうち、「簡易なもの」は床のみがボルトなどで固定されているものなの。

はじめ君

天井が空いているタイプですね。では、「その他のもの」は、天井もボルトなどで固定されているものですか？

あおい課長

よくわかったわね！

はじめ君

使用状況によって耐用年数が異なる場合があるとは知りませんでした……。

あおい課長

当協会では、15年のものしか保有していないけれども、「簡易なもの」を取得する可能性もあるわよ。

設置状況を確認しないと、これまで使用してきた
耐用年数を踏襲してしまいそうです……。

はじめ君

あおい課長

見積書や請求書だけでは使用状況がわからないも
のについては、設置後の画像で状況を確認してか
ら耐用年数を決定するようにしているのよ。

いやー、知りませんでした。購入時の請求書など
の書面だけで事務局の仕事は完結すると思ってい
ました。

はじめ君

あおい課長

画像の重要性がわかってもらえたかしら？

画像が重要性をもつことはわかりましたが、基本
的には取得したときですよね？耐用年数を決めた
後は画像で確認する必要もないような気がします
けど……。

はじめ君

あおい課長

毎年の実地棚卸では、使用場所や使用している事
業の確認を行っているのよ。使用場所は償却資産
の申告先に影響があるのよ。

1月の運営

第**10**章
-
③

償却資産の申告
（会計・税務）

はじめ君

ところで、償却資産の申告とは何ですか？どこに申告することになっているのですか？

あおい課長

市町村が、固定資産税の賦課課税をするために、事業者が1月1日時点で保有する償却資産を市町村に申告する制度になっているのよ。

はじめ君

へー、そのような申告があるとは知りませんでした。固定資産税は、土地や建物に課税される税金ですよね？当協会では、土地や建物は保有していませんよね？

あおい課長

固定資産税は、土地、建物、償却資産を課税対象としているのよ。当協会には、土地や建物はないけれども、償却資産があるので固定資産税の負担が生じるのよ。

固定資産税は申告する税金だったのですね。不動産を持っていると申告が必要になるとは知りませんでした。

固定資産税でも毎年申告する必要があるのは償却資産だけなのよ。申告する義務があるのは、事業で使用する償却資産を保有する個人事業主や法人なので、事業活動を行わない個人は申告する必要がないの。

そうすると、当協会も1月1日に保有する償却資産を申告することになるのですね……。申告書の作成は大変ですか？

申告書の作成は固定資産台帳から連動して作られるので、私たちの手作業はないから安心していいわよ！

よかったです！

償却資産の申告でのポイントは、固定資産台帳に実地棚卸の結果を適正に反映することね。

当協会で保有している資産には、資産コードが印字されたシールが貼付されていたと思います。そのシールが貼付する資産を申告するイメージですか？

はじめ君

あおい課長

そうね。シールと固定資産台帳の資産コードが一致することで管理しているので、考え方は間違いないわよ。

当協会においてある資産で、当協会のシールが貼付されていないものがあるのですが、問題ありませんか？

はじめ君

あおい課長

シールの貼付されていない資産は、どの事業部が使っていた資産だったの？

地方公共団体からの受託事業を行っている部署です。

はじめ君

あおい課長

当協会が受託事業で使っている固定資産の所有権は地方公共団体に帰属するものが混在しているの。当協会では無償貸与されているような関係になっているので、所有権のない資産は申告対象とはならないのよ。

そういえば、当協会のものではないシールが貼付されていましたね。

はじめ君

あおい課長

当協会では、所有権のない資産も使用しているので、実施棚卸も手間が掛かるけれど、適正な申告をするためには避けて通れない作業のひとつだと思うよ。期限内申告ができるように頑張ろう！

たから事務局長

POINT

　償却資産の申告は、毎年1月1日の賦課期日現在所有している資産について、その年の1月31日までに申告を行うことになっているね。この申告期限を超え、固定資産の価格決定日である3月31日までに申告を行わないと、原則的には延滞金が発生することになるよ。

　けれども、実際の運用としては、延滞金は虚偽の申告などの悪質な申告があった場合に発生するものであって、単に申告が遅れたこと等で延滞金を徴収しているケースは多くないみたいだよ。とは言っても、期限内申告できるように準備しないとね！

２月の運営

基本財産、特定資産の運用
（会計・税務）

あおい課長

先日の理事会で監事から資産運用がうまく行われていないので、改善するように指摘されたことは知ってる？

資産運用ですか？当協会で資産運用を行っているなんて知りませんでした。

はじめ君

あおい課長

基本財産や特定資産は定期預金になっているので、運用という概念がなかったのよねー。

監事の方は数年前に就任した弁護士の先生ですよね？

はじめ君

あおい課長

監事が言うには、他の財団法人では積極的な運用によって収益を得ているのに、当協会では定期預金に入れていることに違和感を覚えたみたいなの。

なるほど、確かに学校法人などは積極的に運用しているようなニュース記事を見たことがあります。財団法人でも同じように運用している法人は多いのですか？
はじめ君

あおい課長
どうかしら？私の知っている範囲では、元本が保障される金融商品であれば投資の対象にしているみたいだけれども、監事の希望するような利回りは期待できないと思うわ……。

当協会では、今までどのような金融商品を購入したことがあるのですか？
はじめ君

あおい課長
当協会は、保守的なので国債や地方債だけだと思うわ。

なるほど、それは消極的な資産運用ですね……。
はじめ君

あおい課長
これまでの当協会では、元本保証が最優先で運用益などは重要とされていなかったけど、理事会での監事の発言を聞いて、理事長も資産運用に興味を示したのよ。

当協会は、営利法人ではないので、リスクを冒してまで利益を追求する必要はないと思いますけど……。

理事長は、退職金の財源である退職給付引当資産の積立が楽になったり、古い設備の更新費用に充てる財源が確保できたりするのであれば、多少のリスクを負っても構わないと言っているわ。

資産運用の方針転換ですね！

そこで事務局長から資産運用について検討するように指示があったよ。

監事は日本は低金利だけれども海外では金利が高いので、投資先は海外だと主張していたよ。

ドル建ての債券などを購入するのですか？

理事会としてはいきなり海外の債券を購入することはないけれども、金融市場と当協会における規程の確認をするように指示されたよ。

あおい課長

そういえば、日本の上場企業が資金調達のために年利10％以上の劣後債を発行すると報道されていましたね。

えー、年利10％ですか？当協会のすべての資金を投入したいところですね！

はじめ君

たから事務局長

それでは当協会が投資会社になってしまうよ……。

あおい課長

あらためて債券市場を確認してみると数年前と比べて海外での金利が随分と上がっていますね！

日本の銀行から年利1％で借入を行って、年利10％の債券を購入すれば年間9％の利益になりますよ！

はじめ君

たから事務局長

営利法人であれば不可能ではないね。けど、当協会が資金運用のために外部から資金調達するのは難しい思うよ。

それは残念です……。

はじめ君

あおい課長

そんなに積極的でなくても資金運用は大切かもしれないわね。これまで単に定期預金に入れて放置していたのは職務怠慢だったのかしら……。

たから事務局長

職務怠慢ではないよ！我々事務局は最低限の人員で当協会の運営を支えているのだから、負い目を感じる必要はないよ。

ところで、当協会には資金運用についての規程などはありましたか？

はじめ君

たから事務局長

随分前に資産管理規程を制定したけれども、実際の運用をしようとしていなかったから形骸化しているようなものだね。

あおい課長

規程の存在すら気が付きませんでした……。

たから事務局長

その規程では、基本財産については元本が回収できる方法で運用を行わなければならないと定めているけれども、特定資産については元本の保証が絶対的な要件とはなっていないようだね。

あおい課長

特定資産については元本が回収されない可能性があっても構わないのですか？

たから事務局長

それは飛躍しすぎだよ。「善良な管理者の注意を
もって管理し、元本が回収できる可能性が高い方
法で運用を行わなければならない。」と規程で定め
られているからね。

この表現では、元本が毀損してしまうと管理者の
責任にされそうですよ。

はじめ君

あおい課長

そうね。当協会ではこれまで元本保証が前提になっ
ていたのに、元本の回収ができないことが明らか
になったときの責任問題が気になるわね。

たから事務局長

事務局としては、ニーズに合った投資案件を見つ
けたとしても、投資するか否かは理事会に委ねら
れるので、私たちが責任を負うことはないはずだ
よ。管理者も理事になると思う。少なくとも、君
たちに責任は及ばないので安心して！

あおい課長

当協会では、責任を職員に押し付けたりしないの
はわかりますが、提案した投資が失敗したら気持
ち良くはないです……。

4月
5月
6月
7月
8月
9月
10月
11月
12月
1月
2月
3月

223

~~~~~~~~~~~~~~~~~~~~~~~~~~~~~~~

2月の運営

第11-②章

収益の会計はどうなる？
（会計・税務）

仮に、積極的な投資をはじめたとして、どの資産を投資に回すのでしょうか？

はじめ君

たから事務局長

定款上基本財産では元本保証が求められるので、特定資産が投資の対象となるね。監事の指摘を推測すると退職給付引当資産や減価償却引当資産が対象となりそうだね。

特定資産は公益目的事業と法人会計の両方に帰属しています。両方の会計で処理されるのでしょうか？

はじめ君

あおい課長

そうね。投資に係る収益は、投資の元本となった資産と同じ会計区分に帰属させるわ。

公益目的事業は法人税の課税対象から除外されているので問題ないのですが、法人会計で積極的な投資を行っても大丈夫なのでしょうか？

はじめ君

たから事務局長

仮に投資の収益が法人税の課税対象となってしまうと法人税の申告義務が新たに生じることになるね。しかし、単に債券、株式、投資信託などへの投資は法人税法上の収益事業に該当しないので、公益目的事業に該当しなくても法人税の課税対象になることはないよ。

いかなるケースでも投資は法人税法上の収益事業に該当しないのですか？

はじめ君

たから事務局長

収益事業で得た利益を運用して得た運用益だと収益事業の付随行為と捉えられることがあるようだけれども、実務的には収益事業とならないように処理しているようだよ。

本来は課税ですが、実際には課税されないということですか？

はじめ君

たから事務局長

収益事業から生じた利益を運用したとしても、収益事業以外の事業に属する資産として区分経理をしたときは、その区分経理に係る資産を運用する行為は、収益事業に付随して行われる行為に含めないことができるよ。

はじめ君

当協会では、そもそも収益事業を行っていないので、区分経理など気にしなくても収益事業の付随行為と捉えられる可能性もないですよね。法人税の申告義務がない法人は得した感じがしますね。

たから事務局長

当協会は公益財団法人なので、運用益についての所得税の源泉徴収も行われていないので、税負担は全くない状態になっているよ。

はじめ君

利息や配当は自動的に所得税が源泉徴収されますよね？

たから事務局長

当協会も公益財団法人だから利息や配当に係る所得税の源泉徴収は免除されているよ。ただし、一般財団法人だったら非課税にはならない。

はじめ君

えー、運用益に課税されないなんて最高じゃないですか！

あおい課長

投資による収益は全く課税されないので、株式会社と比べると明らかに投資効率が高いのよ。監事は公益財団法人の運用益が非課税であることを知っているのですかね？

たから事務局長

監事は課税の有無について言及していなかったから、次回の理事会のときに課税関係も報告するようにしないとね。

積極的な投資をするようになるのでしょうか？

はじめ君

たから事務局長

投資するか否かは理事会が決めるから我々が気にしても仕方がないよ。監事の指摘によって高金利による投資のチャンスが到来したと思って前向きに捉えよう！

たから事務局長

POINT

　それぞれの法人で投資のスタンスは千差万別だと思う。財団法人については、まとまった財産に人格が与えられていて、その財団を増やそうとする投資行為は否定されるべきではないよね。しかし、元本の毀損リスクをどこまで負うことができるか慎重な判断が求められることも忘れてはならないよ。

2月の運営

第11章 -③

収益事業等を始めよう
（機関運営）

あおい課長

来年度の予算編成会議で収益事業等をはじめるべきとの意見が出たのよ……。

え、来年度からスタートするのですか？

はじめ君

あおい課長

来年度中に検討して、再来年度にスタートするかもしれないの。

なんで新たな事業をはじめようとするのでしょうか？

はじめ君

あおい課長

公益目的事業だけでは、それらに使う資金をストックすることはできても、公益目的事業の枠内でしか使えないことに不自由さを感じている理事がいるのよ。

そんなに不自由でしょうか？

はじめ君

あおい課長 当協会のこれまでの事業活動を行うのであれば、なんら不自由ではないと思うけど、使途が制限されることに違和感を覚えているようなの。

具体的にはどのような事業を検討するのですか？そんな財源が当協会にありますか？
はじめ君

あおい課長 どうも当協会の事務局が入っているビルが建替えを計画していて、立退料として高額な臨時収入が見込まれるらしいわ。

立退料だと経常外収益に計上することになりますね。その臨時収益と新たな事業が関係するのですか？
はじめ君

あおい課長 その立退料を頭金にして不動産投資を計画しているようなの……。

不動産投資ですか？
はじめ君

あおい課長 株式会社のような発想で驚いたけれども、先日の監事からの指摘事項にあった投資効率の話が影響しているようなの。

はじめ君

まとまった資金を定期預金に預けるよりも、不動産に投資することで投資効率を上げた方が良いという流れですか？

あおい課長

まさにそのとおりね。

はじめ君

当協会では、これまでまとまった資金を得ても定期預金しか検討してこなかったのが、監事の指摘によって投資効率という視点で考えるようになったのは個人的には悪いことではないと思います。

たから事務局長

不動産に投資して不動産貸付業を行うかは未定だけれども、収益事業等を行う場合には、どのような段取りになるかを調べて欲しいと言われたよ。

はじめ君

えー、監事からの依頼ですか？ちょっと面倒ですね……。

たから事務局長

実は理事長からだよ。理事長も収益事業等には興味あるようだよ。一度、収益事業等の基本的なところを見直してみようか。

第**11**章
-
④

収益事業に申請や法人税は必要?(会計・税務)

不動産貸付業などの収益事業等を新たに行うのは当協会の自由ですよね?

はじめ君

あおい課長

確かに税制優遇を受ける訳でもないので、内閣府の公益認定等委員会に制限される理由はないと思うけど……。

たから事務局長

それでは、公益認定を受けた法人であっても、公益目的事業でなく収益事業等であれば何を行っても構わないことになるけど大丈夫かな?

あおい課長

確かに無条件というのは違和感がありますね。内閣府の公益認定等委員会への届出等は必要ないのかしら?

たから事務局長

収益事業等であっても無条件でなんでもやっていいわけではないんだよ。

では何を確認する必要があるのでしょうか？
はじめ君

たから事務局長
収益事業等の内容を変更する場合は、事業の公益性の確認は不要だけども、公益目的事業の実施に支障を及ぼす恐れがないかなど、認定基準の適合性を確認する必要があるみたいだよ。

新たに収益事業等を開始する場合には、どのような手続が必要なのですか？
はじめ君

たから事務局長
変更認定申請が必要になるよ。

届出書なら却下されることはないと思いますが、申請となると却下されるリスクも考えられませんか？
はじめ君

あおい課長
はじめ君、届出書と申請書の違いに気が付いているなんてスゴイじゃない！

スゴくないですよ……。申請が却下されたら、事務局が責任を負うのですよね……。
はじめ君

あおい課長

当協会が小規模な不動産貸付業を行っても、公益目的事業の実施に支障を及ぼす恐れはないから審査もスムーズに済むと思うわ。

たから事務局長

新たに事業を追加する場合には、公益目的事業の実施への影響等を確認する必要があるようだけど、事務局に過度な負担はないのではないかな。

それくらいで済むなら、事務局への影響も少ないですね！　さっそく収益事業等を始める準備をしましょうよ！

はじめ君

あおい課長

ちょっと待って。新たな収益事業等が法人税法上の収益事業に該当したら法人税の申告が必要になって結果的に負担が増すのではないかしら……。

たから事務局長

確かにそうだね。法人税法上の収益事業に該当すると法人税の申告義務が生じるので、事務局で法人税の申告書を作成しなければならないよ。

えー、こちらで対応する必要があるんですね……。顧問税理士にお願いできないのですか？

はじめ君

第
11
章
・
④

収
益
事
業
に
申
請
や
法
人
税
は
必
要
？
（
会
計
・
税
務
）

あおい課長
申告書の作成は依頼できても、申告書のベースとなる資料は事務局が作成するから負担が増えることは間違いないわね。

たから事務局長
当協会では、公益認定を受ける前の財団法人であったときには、法人税の申告を行っていたから、元に戻ったと思ってあきらめるしかないと思うよ。

あおい課長
法人税の申告手続は、移行前の財団法人であったときと同じですか？

たから事務局長
移行前の財団法人と公益財団法人では、みなし寄附金のルールが異なるよ。

あおい課長
なんだか気が重くなってきましたね……。ほかになにが変わるのでしょうか？

たから事務局長
そうだね。まず法人税法上の収益事業をはじめると法人税の申告が生じるから法人住民税の申告もすることになる。そうすると、均等割額の免除が受けられなくなるね。

申告納税することになるので、免除が受けられなくなるのは仕方ないですね。

はじめ君

たから事務局長

あと、法人税の申告義務が生じることで、電子帳簿保存法の電子取引に対する対応が求められることになるよ……。

事務局としては仕事が増えるので面倒な感じがしますが、当協会としては大きな前進になるかもしれませんよ！

はじめ君

たから事務局長

理事長も現状を打開する手段として、新たな収益事業等の開始に期待しているみたいだよ。

実務的な負担を充分に検討しつつ、より効率の良い資金運用ができるようになるといいですね！

はじめ君

たから事務局長

POINT

　公益認定等委員会への対応としては、収益事業等を縮小・廃止の場合にも、経理的基礎に影響することが考えられるので、公益目的事業比率等を判断するために、基本的には変更認定が必要になるんだ。けど、収益事業等の内容の変更の場合において、認定基準への適合性についての判断が変わることが想定されず、申請書の記載事項の変更を伴わないものとして、変更の届出で済むこともあるよ。

３月の運営

第12章 -①

事業計画、予算決め （機関運営）

あおい課長

３月は年度決算が近づいてくる感じがするわね。

はじめ君

昨年度の記録を確認したのですが、内閣府の公益認定等委員会へ事業計画書と収支予算書を提出していました。今年度も同じ作業が必要ですか？

あおい課長

素晴らしいわね。過去の記録から今後の作業を推測することは大切なことだと思う。ご指摘のとおり事業計画書と収支予算書の作成になるわ。

はじめ君

昨年度の事業計画書を読んだのですが、事務局が作るというよりも、各事業部から提出してもらった部ごとの計画を事務局がまとめているような感じでした。

あおい課長

補助事業と受託事業については、既に内容は決まっているので、近日中に各事業部から事務局へ事業計画書が提出されると思うわ。

各事業部では、10月の中間決算のときには地方公共団体などへ来年度の計画などを提出していたようです。地方公共団体との業務については何でも先取りしている感じがしますね。
はじめ君

あおい課長
よく気がついたわね。地方公共団体としても事業年度は3月末で締めるので、当協会と同じように予算を組まなければならないのよ。詳しいスケジュールは分からないけれども、10月には目途がついている感じよね。

地方公共団体の予算となると議会の承認も必要になるのですよね。当協会とはスケールが違いますね。
はじめ君

あおい課長
地方公共団体の予算に関係するような事業については、半年前にはおおまかな事業計画や予算は決まっていると思って間違いないわね。

そうすると、これから計画や予算を詰める必要があるのは、自主事業になりますね。
はじめ君

あおい課長

自主事業に関係する事業部で今年度との変更点などを加味して事業計画と予算を作成するので、私たち事務局が積極的に予算編成をする必要はないのよ。

そうすると、事務局は忙しくないということでしょうか？

はじめ君

あおい課長

甘い！各事業部が作成した事業計画や予算をまとめるのが、私たち事務局の仕事になっているのよ。

しかし、各事業部のほうでまとめる素材を作ってくれるので、責任がそれほど重いとは思えないですけど……。

はじめ君

あおい課長

当協会では、これまで事業計画書と収支予算書の作成は事務局の仕事となっているの。最終的な出来栄えが悪いと、事務局が矢面になる可能性が高いわよ……。

そんなこと言っても、私たちだけでは完結しないことですよ。

はじめ君

あおい課長

事務局としては、機関運営の一環として事業計画書と収支予算書を完成させなければならないのよ。そのためには、各事業部の進捗状況などの把握が必須になってくるのよ。

えー、なんだか面倒ですね。

はじめ君

あおい課長

事業計画書と収支予算書については、理事会の承認が求められるので、機関運営の一環であることは間違いないのよ。

理事会ということは、スケジュール調整が必要になりますね。

はじめ君

あおい課長

理事及び監事には、年明け早々にスケジュール調整の連絡を済ませているので、理事会の開催日時は決まっているわよ。

理事会の開催には、招集通知が必要でしたよね？

はじめ君

あおい課長

よく覚えていたわね。招集通知は、理事会の日の1週間前までに発しなければならないの。けど、理事及び監事の全員の同意があるときは、招集の手続を経ることなく開催することができるのよ。

239

スケジュール調整の際に、最悪の事態に備えて同意の確認は取っているのですか？

はじめ君

あおい課長

鋭いわね！けど、できるだけ原則どおりに機関運営をしたいので、招集通知は出す予定よ。

招集通知を紙で郵送するか、電磁的方法であるメールで送るかの議論があったと思います。今回の理事会はどうするのですか？

はじめ君

あおい課長

今回の招集通知からメールになったわよ！通知の方法や内容について法律上の制限がないので、電子メールを利用しても問題ないことを理事及び監事に伝えたところ、全員がメールを希望したのよ。

郵送作業の時間と手間を削減できたのですね！そうすると、理事会の1週間前までに事業計画書と収支予算書ができていればいいですね。

はじめ君

あおい課長

そんなギリギリのスケジュールでは困るでしょう……。事務局長と担当理事のチェックがあるから、最低でも2週間前には完成させないとね。

理事会ではなにを決める？
（機関運営）

あらためて、昨年度末に作成した収支予算書を見てみたのですが、内容的には正味財産増減計算書ですよね。これで問題ないのですか？

はじめ君

あおい課長

収支予算書と言いながら、資金収支ではなく、損益ベースになっているのよ。私もはじめは違和感を覚えたけれども、法律的に損益ベースの予算書を求められているので気にしないようにしているわ。

作る側としては、損益ベースの方が作りやすくて助かりますね。

はじめ君

あおい課長

損益ベースの予算だと、作りやすいというメリットはあるけれども、設備投資などが見えてこないのよ……。

設備投資ですか？

はじめ君

あおい課長

年度末に作成する書類には、事業計画書と収支予算書があるけれども、他にも「資金調達及び設備投資の見込みを記載した書類」というものがあるのよ。

はじめ君

「資金調達及び設備投資の見込みを記載した書類」ですか?

あおい課長

この書類は、損益ベースの予算書では表現できない資金調達や設備投資の有無を確認するために作成するのよ。

はじめ君

損益ベースの予算書だと、費用や収益が生じない資金調達や設備投資の有無が読み取れないのですね。けど、当協会で資金調達などありますか?

あおい課長

当協会が金融機関から資金を調達する可能性は低いけれども、設備投資はあるわよ。

はじめ君

すべての設備投資を挙げるのは大変なことですよ……。

あおい課長

すべての設備投資ではなく、重要な設備投資を記載することになっているわ。

それなら、当協会にとって重要性の高い設備投資をどのように捉えるかがポイントになりますね。

はじめ君

あおい課長

当協会では、予算編成時点でわかっている取得価額100万円以上の固定資産の取得を重要な設備投資と捉えて「資金調達及び設備投資の見込みを記載した書類」に記載しているのよ。

そういえば、法律上で定められている理事会で決議しなければならない事項に、重要な財産の処分及び譲り受けや多額の借財がありました。この「資金調達及び設備投資の見込みを記載した書類」と関係があるのですか？

はじめ君

あおい課長

なるほど……。あまり気にしていなかったけれども、確かに関係性がありそうね。

たから事務局長

重要性の高い設備投資に関する規定としては同じだね。けど、「資金調達及び設備投資の見込みを記載した書類」は今後の見込みであって、理事会の専決事項である重要な財産の処分及び譲り受けなどは直面している事実に対して法人としての意思決定の場面なので、必ずしもリンクさせる必要はないと思うよ。

あおい課長

とにかく、重要な設備投資は、収支予算書には記載されないけれども、「資金調達及び設備投資の見込みを記載した書類」に記載する必要があるので、各事業部から情報収集しなければならないのよ。

仮に設備投資などの予定がなかったら「資金調達及び設備投資の見込みを記載した書類」を作成する必要もないのですか？

はじめ君

たから事務局長

仮に設備投資がない場合であっても、設備投資がない旨を「資金調達及び設備投資の見込みを記載した書類」に記載して保存することになるよ。この場合でも理事会の承認が必要なので、段取りは変わらないことになるね。

あおい課長

予算理事会では、資金調達及び設備投資の見込みを決議事項に入れなければならないのよ。議事録に記載がないと立入検査での指摘事項になるわよ。

次回の予算理事会での決議事項は、①事業計画書、②収支予算書、③資金調達及び設備投資の見込みの３点でいいですか？

はじめ君

たから事務局長

理事会の専決事項に、支配人その他の重要な使用人の選任及び解任というものがあるね。今回の理事会では重要な使用人の選任と変更があるので決議事項に加えておいてね。

例えばどのような人事異動があるのですか？

はじめ君

たから事務局長

昨年度に立ち上げたデジタル推進部の部長が3月末日で定年退職になるので、その代わりに私がデジタル推進部の部長に就任する予定になっているよ。

えー、そうすると新しい事務局長は誰ですか？

はじめ君

たから事務局長

あおい課長が新しい事務局長になるんだよ！

たから事務局長

POINT

「重要な使用人」における「重要」か否かは、使用人の権限によって決まると考えられているよ。「重要な使用人」は、使用人として最高の権限を有している者のことで、一般的には、支店長、工場長、部長などが例に挙げられているね。当協会では、職務規則で「重要な使用人」を役員ではない部長及び事務局長と定義しているよ。あいまいな定義なので、各法人の職務規則などで明確にするといいと思うよ。

3月の運営

第12章-③

退職金の準備をすすめよう（労務）

はじめ君

本当に課長が事務局長になるのですか？

あおい課長

年末の打ち合わせの後に事務局長から打診されていたのよ。けど、事務局長になると理事会や経営会議にも出席することが求められるので、正直今でも辞退したい気持ちはあるのよー。

たから事務局長

私の力ではあおい課長が首を縦に振ってくれなかったので、理事長自ら説得にあたって快諾してもらったんだよ。

理事長ですか？

はじめ君

あおい課長

理事長は、事務局長をデジタル推進部の部長にしたかったのよ。新しい事務局長には、地方公共団体からの出向者を充てる構想だったみたいなの。

出向者ですか……。

はじめ君

たから事務局長 私は以前からプロパー職員が事務局長になるべきだと思っていたから、新しい事務局長にはあおい課長が昇格する以外には考えられなかったんだよ。

あおい課長 理事長が事務局長の要請に応じた結果として、わたしが次期事務局長になるみたいね……。

昇格なんて素晴らしいですよ！おめでとうございます！

はじめ君

あおい課長 内輪の人事のことよりも、事務局としての仕事に集中しましょうよ！まず、デジタル推進部の部長が65歳で定年退職になるので、退職金の支給準備をするわ。

そういえば、退職金の支給ははじめての経験です。何をすればいいでしょうか？

はじめ君

あおい課長 退職金は、定期給与や賞与と違って、社会保険料の控除がないし、所得税や住民税の負担も少なくなっているのよ。

退職金は、老後の生活の糧になるので、税負担を軽くしているのですよね。税務的な手続としては、どのようなことをする必要があるのですか？

まず、退職金規程で定められている算式で支給すべき退職金を算定してほしいの。

前回の決算の時に退職給付引当金や退職給付引当資産の計上基準として使用するために計算した記憶があります。

退職給付引当金や退職給付引当資産の計上基準として用いられている要支給額は、事業年度終了時における自己都合を前提とした要支給額になっているわ。

何が違うのですか？

今回の退職金は、自己都合退職ではなく定年退職になるので、退職金規程における要支給額を全額支払うことになるわ。

そういえば、自己都合退職を前提とした要支給額は、定年退職を前提とした要支給額に係数を乗じて減額されていました。

はじめ君

あおい課長

退職給付引当金の計上額を超えて支払われる部分については、今期の費用として処理するので、伝票起票時には注意してね。当協会の積立基準では、定年退職の場合には必ず積立額と支給額にズレが生じるわよ。

定年退職まで辞めずに頑張ると退職金が増額する仕組みになっているのですね。

はじめ君

あおい課長

長い年月勤務することのメリットのひとつは、支給額が増えるだけではなく、退職所得金額を計算するときの退職所得控除額も増えるので、税負担の軽減にもつながることね。

退職所得控除額は、勤続年数が20年以下の場合には1年40万円ずつ増加して、勤続年数が20年を超えると1年70万円ずつ積み上げられる仕組みのようです。40年勤務すると2,200万円になりますね。

はじめ君

あおい課長

勤続年数が長期になると、退職所得控除額が大きくなるので、退職金で所得税が発生することは少ないわね。

そうすると、税務上の手続としては何もしないで構わないのでしょうか？

はじめ君

あおい課長

退職金としての収入金額から退職所得控除額を引くことの条件として、退職所得の受給に関する申告書を提出してもらう必要があるのよ。

退職所得の受給に関する申告書の控えは見たことがあります。右上に住所、氏名、生年月日を書く欄があるだけで、ほとんどの欄は空欄になっていたような記憶ですね。

はじめ君

あおい課長

当協会での実務では、退職所得控除額の計算において特例を受けることは少ないので、上段だけの記載になるのは仕方ないわね。だけど、この申告書がないと支給金額の20.42%の所得税が源泉徴収されるのよ。

あれ？退職金は1/2課税になると記憶していますけど……。

はじめ君

あおい課長

退職金の計算において、退職所得控除額を引いたり、1/2課税にしたりするのは、退職所得控除額の計算が適正に行われることを前提としているのよ。

退職所得控除額の計算って、基本的には勤続年数がわかればできますよね？

はじめ君

あおい課長

確かにね。けれど、退職所得の受給に関する申告書の提出がないと特例の有無などが確定しないので、法律上の取り扱いとしては、1/2課税も認められず収入金額に対して20.42%の源泉徴収となってしまうのよ。

なるほど、不利益な処分は避けたいので、忘れずに提出してもらうようにします。

はじめ君

3月の運営

定年後の再雇用

（労務）

あおい課長

退職金の処理は問題ないとして、他に退職時の処理としては、社会保険と住民税の手続が必要になるわね。ちなみに、部長が65歳の定年退職後も当協会で勤務を継続する可能性はないのかしら？

定年退職後の再雇用ですね。

はじめ君

あおい課長

再雇用となるのであれば、住民税の特別徴収を継続できるし、社会保険の加入も継続できる可能性があるわよ。

定年退職には、再雇用の選択肢があるので、通常の退職とは取扱いが異なりますね。

はじめ君

あおい課長

再雇用する場合には、再雇用後の労働条件が、引き続き社会保険適用の基準である「1週間の所定労働時間及び1か月間の所定労働日数が正社員の4分の3以上」を満たすかどうかを確認する必要があるのよ。

もし仮に、社会保険適用の基準を満たしても賃金が大幅に低下しているので、随時改定によって標準月額報酬月額は変更になりますね。

はじめ君

あおい課長

随時改定での標準報酬の変更では、変更後の報酬を初めて受けた月から起算して4か月目の標準報酬月額から改定されるの。4月に支払われる給与に変動があった場合、7月分から変更になるわね。

定年退職後の再雇用によって、賃金が減少したにもかかわらず、標準報酬月額が3か月も変わらないと辞めた人の負担が大きいですね。

はじめ君

あおい課長

いい着眼点ね！実は、再雇用によって賃金が減少した場合の随時改定については、「同日得喪の特例」という制度が用意されているのよ。

「同日得喪の特例」？聞いたことがありませんね……。

はじめ君

あおい課長

「同日得喪の特例」とは、60歳以上で継続再雇用となった場合に、随時改定を行わずに定年の時点で社会保険の資格喪失手続を行い、同時に再雇用後の賃金で資格取得することができる制度なのよ。

具体的にはどのようなメリットがあるのですか？

はじめ君

あおい課長

「同日得喪の特例」を適用することで、3か月たたずに再雇用時点から標準報酬月額を変更することができるのよ！

それは助かりますね！

はじめ君

あおい課長

随時改定は2等級以上の減少が要件になっていたけど、「同日得喪の特例」は1等級の減少でも適用があるよ。

そうすると、再雇用後に社会保険適用の基準を満たす場合には、「同日得喪の特例」を適用したほうが有利ですね。

はじめ君

あおい課長

「同日得喪の特例」の検討においても、再雇用後の労働条件については慎重に確認しなければならないわね。

住民税の徴収方法について注意すべき点はありますか？

はじめ君

あおい課長

再雇用後の労働条件次第では、住民税の徴収方法も特別徴収を継続することが難しいことも考えられるわね。退職者個人の問題だけど、定年退職後の住民税は負担が重くのしかかるのよね……。

再雇用手続については、大体のイメージが湧いてきました。とりあえず、あとは自分で調べながら進めてみます。

はじめ君

あおい課長

はじめ君も随分と仕事に慣れてきたわね。

バタバタと時が過ぎていって、なんとなく慣れてきたようですが、まだまだ知らないことだらけです……。

はじめ君

あおい課長

事務局の仕事を完全にマスターするのはハードルが高いわよ。知らないことに直面しても調べながら仕事を進めることができる体制ができていれば十分だと思うの。来年度からは2名体制で少し寂しいけど、すぐにかわいい新人さんを採用するから一緒に頑張りましょうね！

はじめ君

それは楽しみです！
1年の間にいろいろとありましたが、成長できました。これからもよろしくお願いします！

──著者プロフィール──

山下 雄次（やました・ゆうじ）　税理士・行政書士

税理士法人右山事務所を経て、平成18年山下雄次税理士事務所開業。
税理士試験試験委員、東京税理士会会員相談室委員、全国公益法人協会相談室顧問。

〔主な著書〕
オーナー会社のための役員給与・役員退職金と保険税務（税務研究会）
実務家のための減価償却資産等の留意点（税務研究会）
税理士のための申告に役立つ「税額控除制度」詳解（共著）（税務研究会）
実務に役立つ会社税務の重要ポイントQ&A（共著）（税務研究会）
Q&Aでわかる同族会社の税務（共著）（税務研究会）
法人税関係 納税者有利通達の適用判断（共著）（清文社）
司法書士&行政書士に読んでほしい 相続・贈与時の税務の話（共著）（日本法令）
司法書士&行政書士に読んでほしい 会社設立時の税務の話（共著）（日本法令）

チャットでわかる
社団・財団の経理・総務の仕事

令和6年1月22日　初版発行
令和6年9月30日　初版第2刷発行

　　著　者　　山下雄次

　　発行者　　宮内　章

　　発行所　　**全国公益法人協会**
　　　　　　　〒101-0052
　　　　　　　東京都千代田区神田小川町3-6-1　栄信ビル9階
　　　　　　　電話 03-5577-2023（代）　Mail info@koueki.jp

印刷・製本／勝美印刷株式会社

編　集　岩見翔太　　　　イラスト　齋藤　光
編集協力・デザイン　思机舎

　　　　　　　　　　　　　　　落丁・乱丁はお取りかえします。